薯條每包有幾根？

從漢堡店輕鬆學超有趣的統計學！

統計学がわかる

向後千春／冨永敦子——著

趙鴻龍 譯

- 本書所示範之Excel操作，是以Mac版Excel 2016為準，不同版本的軟體介面略有出入，讀者操作時請留意。

前言

　　世界上充斥著大量的資料，就連我們本身也會通過問卷調查、實驗等方式來收集資料。收集到資料後，接下來的作業就是資料分析。在進行資料分析時，需要用到統計學的觀念和方法。也因此，我們無論在社會或學校，無論身處哪個專業領域，統計學的素養都不可或缺。然而，統計學是一門非常複雜難懂的學問。如果真的想透徹地熟悉統計學，我們必須先對數學具備某種程度的理解。話雖如此，這並不表示我們非得成為統計學的專家。我們只要做到能對手上的資料進行適當的分析，從中得出有意義的結論即可。

　　面對艱澀難懂的統計學專業書籍時，有些人總會不禁搖頭嘆息，而這本書就是為此所撰寫。如果你是實際擁有資料，正在思考該如何對資料進行分析的統計學使用者，閱讀本書準沒錯。

　　我們在撰寫這本書時曾訂下兩大目標。第一個目標是，當想要調查某件事物的時候，運用具體的故事和資料來講述統計學包括哪些方法。另一個目標是，透過簡單易懂的方式，說明這種統計學的方法是基於什麼樣的思考方式（邏輯）而成立。希望能通過這些目標，讓統計學的使用者在初學階段就有機會接觸到這本入門書。

　　希望以這本書為跳板，讓更多的人掌握資料分析的思考方式和實際運用的技巧，從中發現事物的意義。若本書能盡一點棉薄之力，將是我們作者意想不到的喜悅。

2007 年 8 月　向後千春　冨永敦子

薯條每包有幾根？ Contents ······

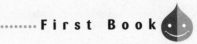

第3章 與競爭對手比較銷售數量──卡方檢定

第4章 哪一家的商品更受歡迎？ ── t檢定（成對樣本）

第7章　靠新菜單拉開差距──變異數分析（雙因子）

First Book

第 **1** 章

薯條的長度一致嗎？

平均數與變異數

（本章學習的內容）

- 平均數
- 次數分配
- 變異數和標準差

大學生艾咪在漢堡店「WAK WAK 漢堡」擔任工讀生。原本應該與統計學八竿子打不著的她,卻以客人的一句話為契機,從此踏入了統計學的世界……。

● 薯條比其他店家還要短小?

 歡迎光臨 WAK WAK 漢堡,您今天要點什麼呢?

 我要一份 WAK WAK 漢堡和小薯。

 好的。我再確認一次,是一份 WAK WAK 漢堡和小薯對吧。

讓您久等了。這是您的WAK WAK漢堡和小薯。

小姐，我覺得WAK WAK漢堡的薯條比MOG MOG漢堡的薯條還要短欸。

咦，這位客人，應該沒有這回事吧。

不過，我總覺得MOG MOG漢堡會給比較多的長薯條，所以我對這件事一直很在意。

是、是這樣嗎⋯⋯？

艾咪隨即將客人的話轉達給店長。

店長，有客人抱怨「WAK WAK漢堡的薯條比MOG MOG漢堡的薯條還要短」。

什麼！？絕對沒有這一回事！那家店或許的確混入了一些較長的薯條，但一定也有不少較短的薯條。

是這樣嗎？

啊不，或許，我猜大概吧……。對了！艾咪，妳去調查一下。

 咦？由我去調查？

 對。妳去買MOG MOG漢堡的薯條，檢查看看是不是比我們的薯條還要長。這件事就交給妳啦。

隔天，艾咪將競爭對手MOG MOG漢堡的薯條買了回來。

比較看看兩家的薯條……

薯條的數量和粗細差不多，但長度看起來果然不太一樣。

艾咪檢查所有薯條的長度，試著計算薯條長度的平均值。

● 計算平均值

大家應該都對<u>平均值</u>耳熟能詳吧。用資料的總和除以資料的數量，就能得到「變得勻稱的值」。

表1-1-1列出的是WAK WAK漢堡的薯條長度，請試著用這組資料計算一下薯條長度的平均值。

表1-1-1　WAK WAK漢堡的薯條長度（49根，單位：cm）

編號	長度	編號	長度	編號	長度	編號	長度	編號	長度
1	3.5	11	3.8	21	5.8	31	6.4	41	4.2
2	4.2	12	4.0	22	3.6	32	3.8	42	5.2
3	4.9	13	5.2	23	6.0	33	3.9	43	5.3
4	4.6	14	3.9	24	4.2	34	4.2	44	6.4
5	2.8	15	5.6	25	5.7	35	5.1	45	4.4
6	5.6	16	5.3	26	3.9	36	5.1	46	3.6
7	4.2	17	5.0	27	4.7	37	4.1	47	3.7
8	4.9	18	4.7	28	5.3	38	3.6	48	4.2
9	4.4	19	4.0	29	5.5	39	4.2	49	4.8
10	3.7	20	3.1	30	4.7	40	5.0		

請大家回憶一下平均值的計算方法。平均值的計算方法如下。

①把49根薯條的長度全部相加起來。全部相加的結果稱為「總和」。

3.5＋4.2＋4.9＋4.6＋2.8……

一個一個數字相加有點麻煩，合計應該是224（手上沒有計算機的人請姑且相信這個數字）。

②將總和除以薯條的數量。

$$224 \div 49 = 4.571428571\cdots$$

所以薯條的長度平均值約為 4.57 cm。

MEMO　利用 Excel 計算平均值

Microsoft Excel 能同時在 Windows 和 Macintosh 上運作，是一種具有代表性的電子試算表軟體。本書並非要求讀者必須以使用 Excel 為前提，但如果想要有效率地學習統計學的話，Excel 是非常方便的一項工具。

Excel 中提供了計算平均值的函數「AVERAGE」，方便我們使用 AVERAGE 函數來計算平均值。

・指定「小數點以下的位數」

如果是像「4.571428571」這種無法整除的數字，小數點以下的位數可能會變得很長。然而，小數點後面的所有數字未必都有意義。這裡因為原始資料只到小數點第一位，所以這裡將平均值的小數增加一位，顯示到小數點第二位。

接下來，只要把〔小數點以下的位數〕設為「2」，那麼小數點以下第三位就會被四捨五入，顯示成「4.57」這個二位小數。不過這只不過是改變顯示的方式罷了，儲存格內的數值完全沒有改變，依然為「4.571428571……」。

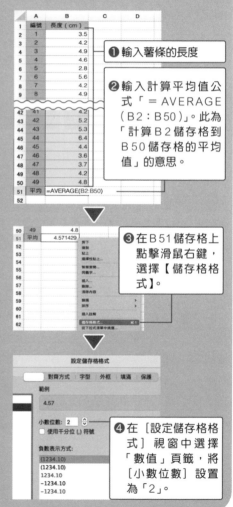

❶ 輸入薯條的長度

❷ 輸入計算平均值公式「= AVERAGE（B2：B50）」。此為「計算 B2 儲存格到 B50 儲存格的平均值」的意思。

❸ 在 B51 儲存格上點擊滑鼠右鍵，選擇【儲存格格式】。

❹ 在〔設定儲存格格式〕視窗中選擇「數值」頁籤，將〔小數位數〕設置為「2」。

【練習問題】

接下來讓我們試著計算一下競爭對手 MOG MOG 漢堡的薯條長度平均值。MOG MOG 漢堡的薯條長度如表1-1-2所示。

表1-1-2　MOG MOG 漢堡的薯條長度（49根，單位：cm）

編號	長度	編號	長度	編號	長度	編號	長度	編號	長度
1	4.5	11	3.8	21	5.8	31	5.4	41	6.4
2	4.2	12	3.0	22	4.6	32	5.8	42	5.2
3	3.9	13	3.2	23	4.0	33	5.9	43	3.3
4	6.6	14	4.9	24	2.2	34	3.2	44	6.4
5	0.8	15	7.6	25	7.7	35	5.1	45	6.4
6	5.6	16	3.3	26	3.9	36	3.1	46	2.6
7	3.2	17	7.0	27	6.7	37	6.1	47	2.6
8	6.9	18	3.7	28	3.3	38	4.6	48	5.2
9	4.4	19	3.0	29	7.5	39	2.2	49	5.8
10	4.7	20	4.1	30	2.7	40	4.0		

● 儘管平均值差不多……

計算出來了嗎？試著比較看看 WAK WAK 漢堡和 MOG MOG 漢堡的薯條長度平均值。

- WAK WAK 漢堡　：　4.57 cm
- MOG MOG 漢堡　：　4.61 cm

兩者的平均值相差了0.04 cm，這樣的差距可以說微乎其微。然而，艾咪總覺得有哪裡不太對勁。

平均值確實相去不遠，但從外觀上來看卻大不相同。光是比較平均值，就作出「長度相同」的結論，這樣真的沒問題嗎？

長薯條和短薯條

對此煩惱不已的艾咪，決定找在大學研究室的海老原學長商量。

 嗯，WAK WAK 漢堡的薯條長度都差不多，而 MOG MOG 漢堡的薯條則有長有短。

 就是說啊，可是兩者的平均值卻幾乎相等。

 不然，妳要不要試著調查次數分配？

 次數分配？

 對啊。就是調查 0～1 cm 的薯條有幾根，1～2 cm 的薯條有幾根，以此類推。

調查次數分配

次數分配可以幫助我們瞭解資料的分布程度。先從調查WAK WAK漢堡的薯條長度的次數分配開始吧。

首先，如表1-2-1左側所示，以1cm為間隔進行分組，此稱為**組**。

接著計算各組內共有幾根薯條。舉例來說，長度3.5cm的薯條，就歸納在「3cm以上4cm未滿」這一組。包含在一組的資料個數就稱為**次數**。

表1-2-1　WAK WAK漢堡的薯條長度的次數分配

組	次數
0cm 以上 1cm 未滿	0
1cm 以上 2cm 未滿	0
2cm 以上 3cm 未滿	1
3cm 以上 4cm 未滿	12
4cm 以上 5cm 未滿	19
5cm 以上 6cm 未滿	14
6cm 以上 7cm 未滿	3
7cm 以上 8cm 未滿	0

像表1-2-1這樣的表就稱為**次數分配表**。由於是用來表示次數如何分配（分布），因此稱為次數分配表。

將表1-2-1的表格繪製成圖，即為下一頁的圖1-2-2，此稱為**次數分配圖**（或稱**直方圖**）。

仔細觀察這張次數分配圖，可以看出下面的內容。

【根據WAK WAK漢堡的次數分配圖觀察到的內容】

・次數多半集中在正中央（4～6cm）

・分布範圍落在2～7cm之間

圖1-2-2　WAK WAK漢堡的次數分配圖

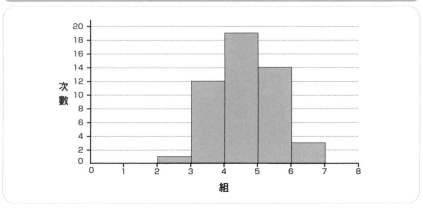

【練習問題】

　以表1-1-2的「MOG MOG漢堡的薯條長度」（→P.17）為基礎，試著調查MOG MOG漢堡的薯條長度的次數分配。

　　MOG MOG漢堡的次數分配如下。

表1-2-3　MOG MOG漢堡的薯條長度的次數分配

組	次數
0cm 以上 1cm 未滿	1
1cm 以上 2cm 未滿	0
2cm 以上 3cm 未滿	5
3cm 以上 4cm 未滿	13
4cm 以上 5cm 未滿	10
5cm 以上 6cm 未滿	9
6cm 以上 7cm 未滿	7
7cm 以上 8cm 未滿	4

　　根據表1-2-3，描繪下一頁的圖1-2-4，以完成次數分配圖。

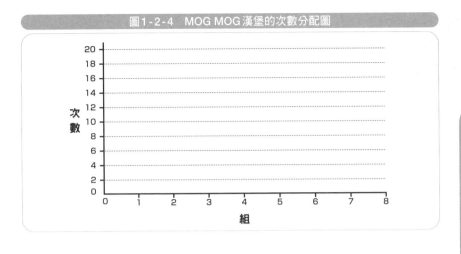

圖1-2-4　MOG MOG漢堡的次數分配圖

完成圖1-2-4的次數分配圖，可以看出以下內容。

【根據MOG MOG漢堡的次數分配圖觀察到的內容】
・不像WAK WAK漢堡那樣集中在正中央（4～6 cm）
・分布於0～8 cm之間，範圍比WAK WAK漢堡更廣

試著比較圖1-2-2「WAK WAK漢堡的次數分配圖」，和圖1-2-4「MOG MOG漢堡的次數分配圖」。由圖可知，比起WAK WAK漢堡，MOG MOG漢堡的薯條長度分散程度更大。

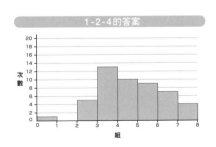

1-2-4的答案

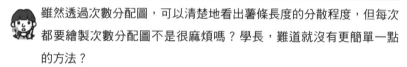

1-3 用數字表示分散程度（變異數和標準差）

● 分散程度有多少？

雖然透過次數分配圖，可以清楚地看出薯條長度的分散程度，但每次都要繪製次數分配圖不是很麻煩嗎？學長，難道就沒有更簡單一點的方法？

艾咪妳這個要求還真是任性。這樣吧，我教妳用數字來表示分散程度的方法吧。

能用數字來表示嗎？

當然可以。就像「這份薯條的長度平均值是多少」一樣，也有可以表示「這份薯條的長度分散程度是多少」的數字。

喔，那真是太方便了！

● 計算變異數

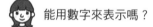

學長提到用數字來表示薯條長度的分散程度，具體應該怎麼做呢？

首先，如圖 1-3-1 所示，將薯條按照長度順序排列，在平均值的地方畫一條線。

分散程度不大的 WAK WAK 漢堡的薯條，與平均值的偏差較小。相較之下，分散程度較大的 MOG MOG 漢堡的薯條，與平均值的偏差較大。

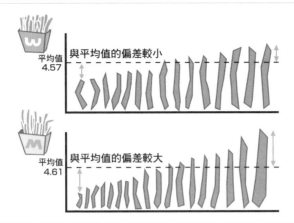

圖1-3-1　與平均值的偏差

因此，如果將與平均值的偏差（也就是個別資料與平均值之間的差）相加起來，有可能就會得到分散程度的數值。換言之，公式為：

分散程度方案1＝（資料－平均值）的總和

然而，在這個方案中，當資料小於平均值時，（資料－平均值）會變成負數，導致這個數字即使加總起來也會變成零。

因此，我們要透過平方將負數變成正數。經過平方之後，方案如下所示。

分散程度方案2＝（（資料－平均值）²）的總和

然而，計算到這一步會出現一個問題。在這個公式中，資料數量愈多，總和當然愈大，分散程度也會變大。我們需要的是不管資料數量有多少，都能計算出分散程度的公式。

因此，還要將這個總和除以資料個數。公式如下。

分散程度方案3＝（（資料－平均值）²）的總和÷資料個數

這樣一來就能計算出（資料－平均值）²的平均值，看起來似乎不錯吧。這個「分散程度方案3」就稱為變異數。

變異數＝（（資料－平均值）²）的總和÷資料個數

變異數是以平均值為中心，表示資料分散程度有多少的數值。以圖解的方式來表示，如下所示。

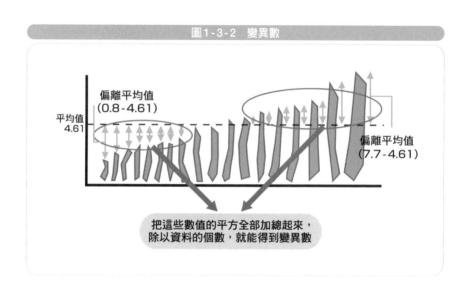

圖1-3-2　變異數

把這些數值的平方全部加總起來，除以資料的個數，就能得到變異數

◑ 計算標準差

接下來，讓我們注意一下計算變異數公式的單位。

變異數＝（（資料－平均值）²）的總和÷資料個數

資料和平均值的單位是cm，但是在公式中經過平方處理，所以單位會變成cm²（平方公分）。

為了讓單位一致，這裡取變異數的平方根，變異數開根號稱為標準差。公式如下。

$$標準差＝\sqrt{變異數}$$

標準差的英語為「standard deviation」，通常是取開頭字母，以「SD」來表示。

MEMO 利用Excel計算變異數和標準差

我們當然也可以手工計算標準差，但計算起來非常麻煩，所以這裡也要利用Excel來協助計算。

使用計算平均值時的資料（→P.16），計算WAK WAK漢堡的變異數和標準差。

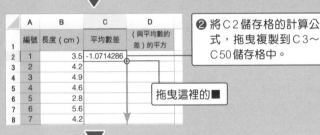

❶ 計算資料與平均值之間的差。於C2儲存格中輸入「＝B2－B51」。B51是包含平均值的儲存格（後面會詳細介紹「$」這個記號）。

❷ 將C2儲存格的計算公式，拖曳複製到C3～C50儲存格中。

拖曳這裡的■

❸ 將與平均值之間的差進行平方。在D2儲存格中輸入「＝C2^2」。「^2」是「平方」的意思。同樣地，將D2儲存格的計算公式，拖曳複製到D3～D50儲存格中。

	A	B	C	D
45	44	6.4	1.8285714	3.34367347
46	45	4.4	-0.1714286	0.02938776
47	46	3.6	-0.9714286	0.94367347
48	47	3.7	-0.8714286	0.75938776
49	48	4.2	-0.3714286	0.13795918
50	49	4.8	0.2285714	0.05224490
51	平均	4.57	平方合計	33.36
52			變異數	0.68081633
53			標準差	0.82511595
54				

❹ 計算平方的總和。
在D51儲存格中輸入「＝SUM（D2：D50）」。SUM是計算總和的函數。

❺ 計算變異數。
在D52儲存格中輸入「＝D51/49」或「＝AVERAGE（D2：D50）」。
SQRT是「計算平方根」的意思。

❻ 計算標準差。
在D53儲存格中輸入「＝SQRT（D52）」。
SQRT是「計算平方根」的意思。

・關於「＄」符號

舉例來說，將C2儲存格的計算公式「＝B2－B51」複製到C3儲存格時，計算公式會自動變成「＝B3－B52」。B2變成B3才是我們需要的，但B51變成B52反而會造成我們的困擾。因為B51儲存格中含有平均值，而B52中什麼值也沒有。

這時，＄這個符號就能派上用場。只要加上＄這個符號，即使再怎麼複製，計算公式的儲存格也不會改變。也就是說，假設是「＝B2－B＄51」，B2會隨著複製而變化，而B51仍會保持固定不變。

・計算變異數和標準差的函數

計算平均值的函數是「AVERAGE」吧？其實Excel中也具備直接計算出變異數和標準差的函數。變異數的函數是「VARP」；標準差的函數是「STDEVP」。以這個範例為例，變異數是「＝VARP（B2：B50）」，標準差是「＝STDEVP（B2：B50）」。這次是為了讓大家學習觀念，特意用迂迴的步驟進行介紹。

【練習問題】
試著以相同方式計算MOG MOG漢堡的薯條長度的變異數和標準差。

● 比較變異數和標準差

WAK WAK漢堡和MOG MOG漢堡的薯條長度，其計算後的變異數和標準差如下所示。

- ·WAK WAK漢堡：變異數為0.68，標準差為0.83
- ·MOG MOG漢堡：變異數為2.58，標準差為1.61

從這些數字中可以看出，在次數分配圖中，分散程度較大的MOG MOG漢堡的薯條長度，其變異數和標準差比起WAK WAK漢堡的還要大。換言之，我們可以確認「次數分配圖上的分散程度愈大，變異數和標準差也愈大」這個關係是成立的。

● 終於解開薯條之謎？

 店長，我全都弄清楚了。雖然WAK WAK漢堡和MOG MOG漢堡的薯條長度的平均值差不多，但變異數卻有所不同。

 變異數？那是什麼東東？

 所謂變異數，就是表示資料零散程度的數值。WAK WAK漢堡的薯條長度的變異數為0.68；MOG MOG漢堡的薯條長度的變異數為2.58。

 這些數字分別代表什麼意思啊？

 這表示變異數愈大，資料的分散程度就愈大。

 換句話說，MOG MOG漢堡的薯條長度分散程度比較大的意思嗎？

是的。這個結果代表MOG MOG漢堡的薯條長度非常參差不齊。相較之下，WAK WAK漢堡的薯條變異數較小，也就是分散程度較小，所以整體的薯條長度與平均值差不多。

喔，原來如此。通過變異數就能得知這些事情啊。

是的。那位客人是拿MOG MOG漢堡的長薯條來比較，所以才會覺得WAK WAK漢堡的薯條比較短。

　　艾咪解開薯條的謎團後，過了幾天，上次那位客人又來到店裡光顧。如今，艾咪已經可以理直氣壯地告訴這位客人，WAK WAK漢堡的薯條並沒有特別短，長度也比較一致，品質值得信賴。多虧有統計學的協助，才讓艾咪能帶著自信應對客人。

P O I N T

- 資料群體的代表值大多都使用平均值。

  平均值＝資料總和÷資料個數。

- 即使平均值沒有差異，資料的零散程度也有可能不同。

- 為了觀察資料的零散程度，可以描繪次數分配圖。

- 用變異數和標準差作為表示資料零散程度的數值。

不可不知的偏差值真相！

　　描繪次數分配圖的時候，我們經常可以發現，平均值的附近會隆起一座小山，離平均值愈遠，山麓的形狀愈平緩。像這樣的分布，理想情況下稱為「常態分布」，在自然界和社會中隨處可見。由於其形狀猶似吊鐘，因此也稱為「鐘形曲線（Bell Curve）」。

　　當分布大致服從常態分布時，使用標準差就變得非常方便。例如，以平均值為中心，上下偏離一個標準差的部分（也就是「平均值－標準差」和「平均值＋標準差」所包圍的部分）的面積，約占全體資料的68%。換言之，「平均值±標準差×1」就足以涵蓋全體資料的68%。如果覺得68%不夠的話，那麼就上下各取兩個標準差。這樣一來，「平均值±標準差×2」就足以涵蓋全體資料的95%。另外，上下各取三個標準差，就足以涵蓋全體資料的99%。

　　舉例來說，針對某個班級全體學生的身高，計算平均值和標準差，我們可以看出在平均值±一個標準差中，共涵蓋全班68%的學生。此外，在平均值±標準差×2中，共涵蓋全班95%的學生。

「平均值±標準差×1」占全體的68%；「平均值±標準差×2」占全體的95%

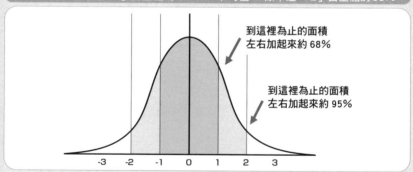

到這裡為止的面積
左右加起來約68%

到這裡為止的面積
左右加起來約95%

●偏差值是以常態分布為前提

大學考試的時候經常能聽到「偏差值」這個詞彙，它到底是什麼東西呢？所謂偏差值，是指將全體分布轉換成平均值50、標準差10時的數值。

我們可以通過平均值和標準差來瞭解整體分布的情況。但是，為了知道自己的分數落在全體中的哪個位置，必須把自己的分數和全體的平均值、標準差進行比較。因此，如果將全體分布轉換成平均值50、標準差10的偏差值，就能立刻得知偏差值落在全體的哪個位置。

如前所述，「平均值±標準差×1」涵蓋全體的68%，因此偏差值50±10，也就是偏差值40～60，共占全體約68%。68%以外的部分是32%，所以其中的一半，也就是16%的人，偏差值高於60；另外16%的人，偏差值低於40。換句話說，偏差值60代表分數從高到低，大約落在16%左右。

同樣，偏差值50±20，也就是偏差值30～70的人，約占全體的95%。偏差值70代表從高到低數來，分數落在約2.5%（5%的一半）的位置。

問題 某三個班級的算術成績如下表所示。

①試求各班成績的平均值、變異數和標準差。請將平均值的小數點第二位四捨五入；變異數和標準差的小數點第三位四捨五入。

②根據這個結果，作為各個班級的成績特徵，可以說明哪些事呢？請在比較班級之間的同時進行說明。

學生編號	櫻班	桃班	柳班
1	78	70	57
2	62	72	59
3	81	68	55
4	59	75	62
5	72	65	52
6	68	71	58
7	75	69	56
8	65	76	63
9	80	64	51
10	60	80	67
11	78	60	47
12	62	73	60
13	70	67	54

答案在➡p.164

第 2 章

薯條大約有幾根？

信賴區間

本章學習的內容

- 母體與樣本
- 母體的平均數、變異數與樣本的平均數、變異數的關係
- 區間估計和信賴區間
- t分布

2-1 估計平均數量

即使我們想瞭解整間店的薯條平均數量，也不可能把店裡的薯條一根根地仔細數完。那麼到底該怎麼做呢？這時就輪到統計學出場了。

◑ 這次不算長度，問題出在數量！

今天的WAK WAK漢堡店也來了一位很固執的客人。

 歡迎光臨，您今天要點什麼呢？

 那個，薯條……。

您要點薯條嗎？要小薯還是中薯呢？

不是，那個，我很在意薯條的數量。

咦，數量？

我想知道在小薯的包裝裡共有幾根薯條。

唔——，我們不是一根根數完才放進去，所以不知道確切數量。

呃，差不多就是這樣（那就是所謂的「分散程度＝變異數」吧）。

……。

我剛才數了一下，我手上這份薯條共有49根。這樣是不是比其他人的還要少？究竟要裝多少根薯條才算正常呢？

好的，好的，這位客人，您別著急。我們家的艾咪一定會徹底查個清楚。

咦咦咦，怎麼又是我？

● 從母體抽出樣本

手足無措的艾咪，只好又找上海老原學長商量。

這次又出現想知道薯條數量的客人了。

不是計算薯條數量的平均值就能解決了嗎？

話是這麼說，但要計算平均值，必須一一點算店裡販賣的所有薯條的數量欸。這種事根本就做不到嘛！

 這種時候就要使用名為隨機抽樣的方法。

　　海老原學長所說的隨機抽樣是什麼樣的方法呢？舉例來說，假設我們想知道這家店製作的所有薯條特徵。這時，「這家店製作的所有薯條」就稱為母體。然而，母體的數量在大多數情況下都很龐大，不可能全都調查過一遍。因此，我們會改從母體中取出有限數量的資料，如圖2-1-1所示。

圖2-1-1　從母體中抽出樣本

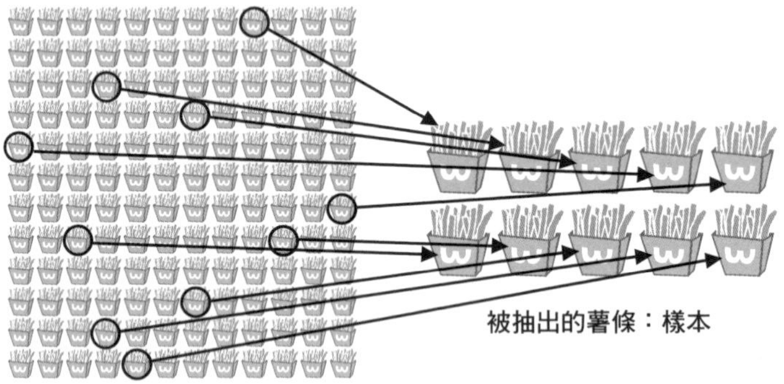

被抽出的薯條：樣本

這家店製作的所有薯條：母體

　　這種取出資料的方法就稱為抽樣（Sampling）；另外，從母體中抽出的資料稱為樣本。樣本中的資料數量稱為樣本數或樣本大小。

　　在抽出樣本時，隨機（亂數）抽出是很重要的一件事。舉例來說，假設從這家店的開店時間開始連續抽出10個樣本，我們可以預期這樣的資料會出現非常大的偏差。為了隨機抽出樣本，我們可以假設每隔1小時抽出1個樣本，或者每隔50個抽出1個樣本。有時也會利用亂數表或骰子來選擇。所謂亂數表，是指將許多數字按照縱橫不規則的方式排列而成的表格。以這類方式隨機進行抽樣，就稱為隨機抽樣（Random sampling）。

喔，原來可以利用隨機抽樣。所以，我只要每隔一小時選出一個在 WAK WAK漢堡購買薯條的客人，請他幫忙數一下薯條的數量就可以了嗎？

是的。總之先選出10個人吧。

那麼這10個人就是樣本吧？這代表樣本數是10嗎？

妳說對了！

表2-1-2是艾咪利用隨機抽樣所取得的資料。艾咪根據這些資料進行計算，得到平均值為49.2，變異數為3.16，標準差為1.78。

表2-1-2　WAK WAK漢堡的薯條數量（樣本數＝10）									
No	1	2	3	4	5	6	7	8	9	10
數量	47	51	49	50	49	46	51	48	52	49

MEMO　利用Excel計算樣本的平均數、變異數和標準差

根據表2-1-2，試著自己計算樣本的平均數、變異數和標準差。還記得把輸入的公式複製到其他儲存格的方法嗎？（忘記的人請翻回P.25）

=B2-B13

=C2＾2

	A	B	C	D	E
1	編號	根數	平均數差	（平均數差）的平方	
2	1	47	-2.2	4.84	
3	2	51	1.8	3.24	
4	3	49	-0.2	0.04	
5	4	50	0.8	0.64	
6	5	49	-0.2	0.04	
7	6	46	-3.2	10.24	
8	7	51	1.8	3.24	
9	8	48	-1.2	1.44	
10	9	52	2.8	7.84	
11	10	49	-0.2	0.04	
12	合計	492	平方合計	31.6	
13	平均	49.2	變異數	3.16	
14			標準差	1.78	
15					

=SUM(D2:D11)

=SUM(B2:B11)

=AVERAGE(B2:B11)

=SQRT(D13)

=D12/10 或
=AVERAGE(D2:D11)

2-2 估計母體的平均數和變異數

根據樣本進行估計的方法

 學長，樣本的平均數為49.2根。但是，我們可以把這個值視為店裡所有薯條的平均數嗎？明明只有調查10份薯條欸。

 為了思考這個問題，我們必須先瞭解母體的平均數、變異數與樣本的平均數、變異數之間存在著什麼樣的關係。

剛才艾咪是採取隨機抽樣的方式抽出10份薯條，這裡將此設為樣本1。將樣本1的平均數和變異數，分別設為樣本平均數1和樣本變異數1。

假設重複好幾次隨機抽樣，第二次也是隨機抽出另外10份薯條，計算平均數和變異數，將其設為樣本平均數2和樣本變異數2。以這樣的方式重複多次抽樣。

如此一來，我們就能取得許多樣本，也可以計算出各個樣本的樣本平均數和樣本變異數，如圖2-2-1所示。

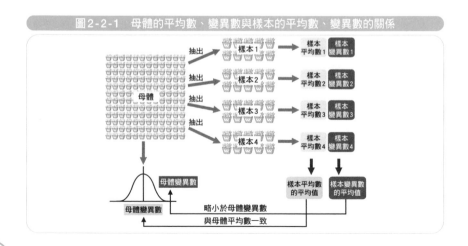

圖2-2-1 母體的平均數、變異數與樣本的平均數、變異數的關係

樣本平均數1、樣本平均數2、樣本平均數3……因為各自抽出的資料有所不同，數值未必會相同。然而，若將這些樣本平均數進行平均，在數學上會等於母體的平均數（**母體平均數**）。

那麼，樣本變異數又如何呢？感覺似乎樣本變異數的平均值也會等於母體的變異數（**母體變異數**）。可是，經過計算可以發現，樣本變異數的平均值與母體變異數並不相等，樣本變異數的平均值會比母體變異數略小一些。

因此，為了彌補樣本變異數的平均值與母體變異數之間的偏差，我們必須對母體變異數進行下列估計，此稱為**不偏變異數**。

不偏變異數＝（（資料－平均值）² ）的總和÷（樣本數－1）

將這個不偏變異數作為「母體變異數的估計值」來使用。

話說回來，這個算式是不是很像之前出現的變異數公式，只是將其中的「樣本數」部分改為「樣本數－1」。變異數的公式如下。

變異數＝（（資料－平均值）² ）的總和÷樣本數

像這次一樣，即使想取得整個母體的平均數（母體平均數）和變異數（母體變異數），也幾乎沒辦法取得母體的全部資料。因此，我們只能從母體中取得隨機抽出的樣本資料。

利用這樣的方式取得的樣本平均數，也可以作為母體平均數的估計值來使用。也就是說，我剛才計算出來的樣本平均數49.2根，就是母體平均數的估計值吧。

說得沒錯。

而且，母體變異數的估計值使用的是樣本的不偏變異數。

就是這樣！

以剛才的10組樣本資料為基礎,試著估計母體變異數。

	A	B	C	D
1	編號	根數	平均數差	(平均數差)的平方
2	1	47	-2.2	4.84
3	2	51	1.8	3.24
4	3	49	-0.2	0.04
5	4	50	0.8	0.64
6	5	49	-0.2	0.04
7	6	46	-3.2	10.24
8	7	51	1.8	3.24
9	8	48	-1.2	1.44
10	9	52	2.8	7.84
11	10	49	-0.2	0.04
12	合計	492	平方合計	31.6
13	平均	49.2	變異數	3.16
14			標準差	1.78
15			不偏變異數	3.51

不偏變異數是平方的總和除以(樣本數-1),因此計算公式為
=D12/(10-1)

● 雖然知道估計值,但……

艾咪計算出母體平均數和母體變異數的估計值後,隨即向店長報告。

 我根據10組資料估計出這家店的薯條平均數量為49.2根。客人購買的薯條數量是49根,代表他拿到的這份薯條,數量在平均範圍內。

 喔,即使沒有調查薯條的全部數量,也能得知其平均值啊。統計學這門學問還真是了不起。

 除了平均值之外,它還可以估計變異數喔。母體變異數的估計值,可以透過不偏變異數=31.6÷(10-1)來計算,為3.51。

 呃,但是,從全部薯條的角度來看,雖然只是10組薯條的資料,卻能從中取得全體的平均值,這真是不可思議。剛才說過的估計值為49.2根,這和全體薯條的平均值完全一致嗎?

 完全一致嗎?我倒沒想過這個問題。實際上是怎麼樣呢?

2-3 區間估計和信賴區間

◐ 落入這裡到那裡的範圍……這樣的估計

被店長這麼一問，艾咪又開始煩惱不已。

 學長，請問樣本平均數和母體平均數完全一致嗎？

 哎，樣本平均數不太可能和母體平均數完全一致啦，因為這終究只是估計值。

 原來不一致啊。

 嗯。我這麼比喻好了，假設母體中有1000筆資料。試著想像一下，我們從中選擇10筆資料（樣本數10）和選擇500筆資料（樣本數500）。

 我懂了，比起10筆資料的平均數，500筆資料的平均數應該更接近母體的平均數（母體平均數）。

 說得很好。如果樣本數愈小，樣本平均數偏離母體平均數的可能性就會愈高；反之，如果樣本數愈大，樣本平均數就會愈接近母體平均數。

 確實如此……但我一點也不想數500份薯條的數量……。

 艾咪，妳別那麼洩氣啦。雖然無法完全預測出母體平均數，但我們可以根據樣本得到「母體平均數落入這個值到那個值的範圍之中」的結論。

海老原學長提到的估計方法稱為區間估計。換言之，它是以「根據樣本來估計母體平均數是否落入這個值和那個值的範圍內」這樣的形式進行估計。

區間估計的思考方式

接下來說明區間估計的思考方式。首先考慮薯條母體的分布，我們假設這個分布服從常態分布。如圖2-3-1所示，所謂的常態分布，是一種以平均值為中心，向左右兩側平緩展開的「鐘型」分布，這是自然界中最普遍常見的分布。

圖2-3-1　假設薯條的母體服從常態分布

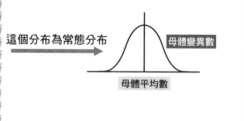

如圖2-3-2所示，接著從母體中抽出10筆資料，每組的樣本數為10。計算各組的平均數，將其設為樣本平均數1。把樣本放回，再次抽出10筆資料，將其平均數設為樣本平均數2。重複這個作業數次。

如此一來，我們就能得到許多樣本平均數，如圖2-3-2所示。試著描繪這些樣本平均數的分布，可以看出它也是呈現常態分布。此時，樣本平均數的平均值與母體平均數一致。另外，樣本平均數的變異數是母體變異數的「（樣本數）分之一」。以圖2-3-2為例，由於樣本數為10，因此樣本平均數的變異數即為母體變異數的十分之一。

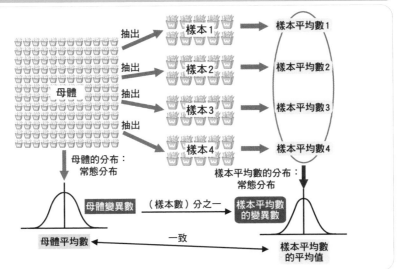

圖2-3-2　母體與樣本平均數的分布

抽出　樣本1　→　樣本平均數1

抽出　樣本2　→　樣本平均數2

抽出　樣本3　→　樣本平均數3

抽出　樣本4　→　樣本平均數4

母體

母體的分布：
常態分布

樣本平均數的分布：
常態分布

母體變異數　（樣本數）分之一　→　樣本平均數
的變異數

母體平均數　←　一致　→　樣本平均數
的平均值

　　艾咪在上一節中抽出樣本數為10的樣本，並計算出樣本平均數，得到樣本平均數為49.2根。這個值大致落在圖2-3-3的母體分布圖的箭頭範圍內。當然，樣本平均數通常都會接近母體平均數，大大偏離母體平均數的情況並不常發生。

圖2-3-3　樣本的平均數落入母體分布的哪個位置

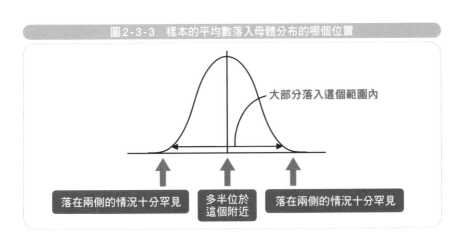

大部分落入這個範圍內

落在兩側的情況十分罕見　　多半位於這個附近　　落在兩側的情況十分罕見

目前為止思考的都是多次抽出樣本的方法，但通常我們只會抽出一次樣本。因此，在抽出唯一一次的樣本時，最好思考「樣本平均數包含想要估計的母體平均數，範圍是從哪裡到哪裡」。

這句話是不是不太容易理解呢？請見圖2-3-4。看到了嗎？樣本平均數與母體平均數出現若干偏差。然而，如果以樣本平均數為中心，朝左右兩邊指定箭頭的範圍，那麼母體平均數就會包含在這個範圍內。

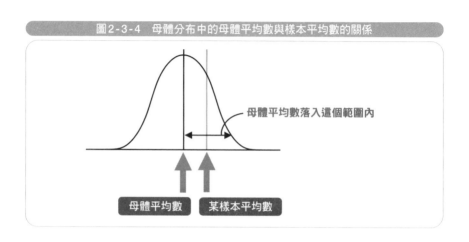

圖2-3-4　母體分布中的母體平均數與樣本平均數的關係

母體平均數落入這個範圍內

母體平均數　　某樣本平均數

問題在於，這個箭頭的範圍應該設定多大比較恰當。在統計學中，傳統上使用的是「以95％的機率包含母體平均數的範圍」。若想設定得更嚴謹時，就使用「以99％的機率包含母體平均數的範圍」。這些範圍分別稱為**95％信賴區間**和**99％信賴區間**。

那麼，我們該如何求出95％的信賴區間呢？

如圖2-3-5所示，樣本平均數是往母體平均數的左右偏離。往左右偏離的樣本平均數所包圍的部分，面積涵蓋全體的95％。此時，取樣本平均數與母體平均數之間的差值，將其設為樣本平均數的範圍（圖2-3-5的箭頭範圍），母體平均數包含在該範圍內的機率恰好為95％。讓我們利用這個原理，計算95％信賴區間。

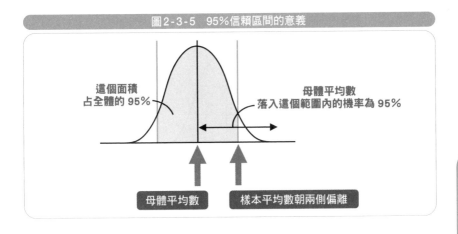

圖2-3-5　95%信賴區間的意義

這個面積
占全體的 95%

母體平均數
落入這個範圍內的機率為 95%

母體平均數

樣本平均數朝兩側偏離

● 信賴區間的計算方式

　　讓我們實際計算一下信賴區間吧。首先，使用樣本平均數作為母體平均數的估計值。然後，使用母體變異數除以樣本數得到的變異數，作為樣本平均數分布的變異數的估計值。這裡的母體變異數是以不偏變異數來估計。換言之，公式如下。

樣本平均數的變異數＝（母體變異數÷樣本數）
**　　　　　　　　　＝（不偏變異數÷樣本數）**

樣本平均數的標準差（標準誤差）＝$\sqrt{\text{不偏變異數÷樣本數}}$

樣本平均數的標準差稱為標準誤差（SE ＝ standard error）。
這樣的話就可以計算信賴區間了。信賴區間的公式如下。

信賴區間＝樣本平均數 ±t× 標準誤差

這個「t」是信賴區間中確定的分布面積為95％的數值。為了確定「t」的具體數值，這裡使用的是類似常態分布的鐘型 t分布。t分布的形狀會隨著樣本數而變化。

圖2-3-6　樣本數為10的t分布

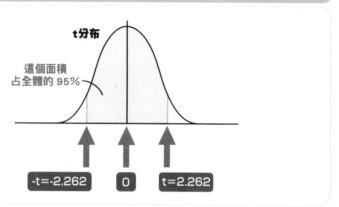

樣本數為10的t分布如圖2-3-6所示。這裡的t值能使面積達到95％。

如圖2-3-6所示，－t到t所包含的面積占了全體的95％。此外，t值可以查詢事先準備好的t分布表（後述→P.49）。若樣本數為10，－t到t所包含的面積占全體的95％，這時的t值為2.262。

MEMO　利用Excel計算信賴區間

使用艾咪抽出的樣本（樣本數10），試著利用Excel計算信賴區間。

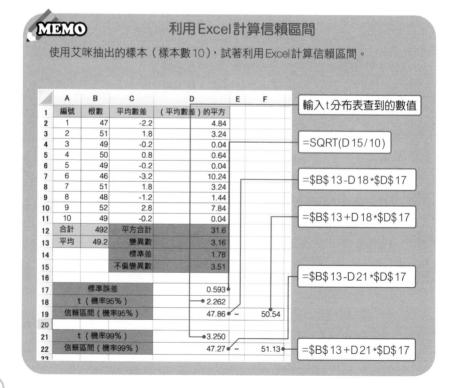

另外，當面積占99％時，t值為3.250。這樣就能開始計算信賴區間了。

・95％信賴區間

$$信賴區間＝樣本平均數\,49.2 \pm t值\,2.262 \times 標準誤差\sqrt{3.51 \div 10}$$
$$= 49.2 \pm 2.262 \times 0.593$$
$$= 47.86 \sim 50.54$$

・99％信賴區間

$$信賴區間＝樣本平均數\,49.2 \pm t值\,3.250 \times 標準誤差\sqrt{3.51 \div 10}$$
$$= 49.2 \pm 3.250 \times 0.593$$
$$= 47.27 \sim 51.13$$

47.86至50.54這個範圍即為95％信賴區間，這個意思代表「母體平均數有95％的機率包含在47.86到50.54之間」。此外，47.27至51.13這個範圍為99％信賴區間，也就是說，「母體平均數有99％的機率包含在47.27到51.13之間」。

於是，艾咪帶著這個計算結果，再次向店長報告。

 根據樣本數10的樣本，估計這家店所有薯條的平均數量，結果為49.2根。當然這只是估計值，實際值不一定完全和這個值相等。因此，我以95％的機率來計算包含母體平均數的範圍，最終得到47.86根到50.54根之間這個結果。

喔，這實在太厲害了，居然連母體平均數的範圍都能計算出來。不過，「以95％的機率」這句話讓我有點摸不著頭緒……。

這句話的意思是，母體平均數有95％的機率會落在這個範圍；反過來說，母體平均數有5％的機率會落在這個範圍之外；不過，發生這種情況的機率只有5％，幾乎不太可能發生。因此，只需以95％的機率就差不多可以滿足我們的條件。

5%的機率是表示每20次就有1次落空的意思嗎？

是的。如果希望落空的機率更低，我們也能以99%作為標準。在這樣的條件下，100次中就只有1次會落空。這樣一來，我們就能更確實地估計出母體平均數的範圍。

◑ t分布表與自由度

讓我們再稍微詳細地瞭解一下t分布吧。

t分布是與常態分布相似的鐘型分布，但根據樣本量的不同，形狀也略有不同。從圖2-3-7可以看出，樣本數愈小，其形狀比常態分布更為扁平。

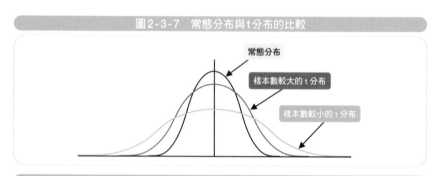

圖2-3-7　常態分布與t分布的比較

表2-3-8　t分布表

自由度	機率95%	機率99%	自由度	機率95%	機率99%
1	12.706	63.657	18	2.101	2.878
2	4.303	9.925	19	2.093	2.861
3	3.182	5.841	20	2.086	2.845
4	2.776	4.604	21	2.080	2.831
5	2.571	4.032	22	2.074	2.819
6	2.447	3.707	23	2.069	2.807
7	2.365	3.499	24	2.064	2.797
8	2.306	3.355	25	2.060	2.787
9	2.262	3.250	26	2.056	2.779
10	2.228	3.169	27	2.052	2.771
11	2.201	3.106	28	2.048	2.763
12	2.179	3.055	29	2.045	2.756
13	2.160	3.012	30	2.042	2.750
14	2.145	2.977	40	2.021	2.704
15	2.131	2.947	60	2.000	2.660
16	2.120	2.921	120	1.980	2.617
17	2.110	2.898	∞	1.960	2.576

相反地，當樣本數愈大，就愈接近常態分布。當樣本數無限大的時候，其形狀與常態分布一致。

為了計算信賴區間，我們必須根據樣本數得知t分布對應95％和99％的值，因此會經常使用到表2-3-8這樣的t分布表。

在這張表中，**自由度**是以樣本數減去1來計算。舉例來說，當樣本數為10的時候，自由度就是9。

此外，如果在這張表上找不到自由度時，請使用相近的自由度值。例如，如果自由度是32，那麼就使用接近的自由度30。在實際運用上，這麼做完全沒有問題。

另外，若遇到300或500這種數字較大的自由度時，請使用「∞（無限大）」的值。

P O I N T

- 我們想瞭解的全體資料，稱為母體。
- 從母體中取出若干資料，這些資料就稱為樣本。
- 樣本內的資料數量稱為樣本數。
- 為了取得好的樣本，必須用隨機（亂數）的方式抽出。
- 母體平均數可以用樣本平均數來估計。
- 母體變異數可以用樣本的不偏變異數來估計。
- 不偏變異數＝（（資料－平均值）²）的總和÷（樣本數－1）
- 母體平均數以95％的機率包含的範圍稱為95％信賴區間。
- 信賴區間＝樣本平均數 ±t×標準誤差
- 樣本平均數的標準差（標準誤差）＝$\sqrt{不偏變異數 \div 樣本數}$
- t值會隨著機率（95％或99％）和自由度而變化，可以查詢分布表。
- 樣本數減去1就能得到自由度。

專 欄

選舉速報的開票率為何才1%
就能宣布當選？

我們在觀看選舉速報的時候，通常會看到開票率才1%，就有候選人「確定當選」。光憑全體1%的資訊，為何能成功預測當選或落選呢？

在第2章中，我們已經學到可以透過樣本資料來估計母體的平均值和變異數。此外，母體的平均值以較高機率（95%或99%）落入的範圍，我們也學會計算這個稱為信賴區間的範圍。使用同樣的原理，我們當然也能根據1%的樣本資料來估計全體的資訊。因此，即使開票率只有1%，也能合理預估開票結果，這件事完全不足為奇。

●隨機抽樣非常重要

然而，若想要正確地進行這樣的預估，條件是樣本必須是隨機抽出。以選舉為例，城市和農村的計票開始時間和速度就有所不同。因此，即便收集了一部分的開票資料，也不能說這是隨機抽樣。由此可見，選舉速報並非簡單的估計，而是事先考慮到城市和農村的投票傾向差異後，才進行複雜的預估。

最近出現一種名為出口民調的調查，這是針對剛投票完的選民，詢問將票投給哪位候選人或哪個政黨的調查。若進行出口民調的地方採取適當的隨機抽樣的話，就能有相當程度的準確性來預估是否當選。當然，前提是配合出口民調的人必須誠實地報告自己的投票意向。

問題 以全國小學5年級學生為對象，舉辦數學共同考試。由於參加考試的人數眾多，因此決定選出500人的資料進行統計處理。

① a. 所有參加考試的人的資料，在統計學上稱為什麼？

　b. 進行統計處理的500人的資料，在統計學上稱為什麼？

　c. 任意選擇500人的資料，在統計學上稱為什麼？

　d. 如果任意選擇500人的資料，可以大致預測出次數分配的形狀嗎？

② 假設這500人的資料，平均值為65，不偏變異數為60，試求95%信賴區間和99%信賴區間（小數點第三位四捨五入）。

③ 請用一般的說法來解釋這兩個信賴區間的值分別意味著什麼。

▼參考：t分布表

自由度	機率95%	機率99%	自由度	機率95%	機率99%
1	12.706	63.657	18	2.101	2.878
2	4.303	9.925	19	2.093	2.861
3	3.182	5.841	20	2.086	2.845
4	2.776	4.604	21	2.080	2.831
5	2.571	4.032	22	2.074	2.819
6	2.447	3.707	23	2.069	2.807
7	2.365	3.499	24	2.064	2.797
8	2.306	3.355	25	2.060	2.787
9	2.262	3.250	26	2.056	2.779
10	2.226	3.169	27	2.052	2.771
11	2.201	3.106	28	2.048	2.763
12	2.179	3.055	29	2.045	2.756
13	2.160	3.021	30	2.042	2.750
14	2.145	2.977	40	2.021	2.704
15	2.131	2.947	60	2.000	2.660
16	2.120	2.921	120	1.980	2.617
17	2.110	2.898	∞	1.960	2.576

答案在 ➡ P.164

第 **3** 章

與競爭對手
比較銷售數量

卡方檢定

（本章學習的內容）

- 假設檢定的思考方式
- 虛無假設與對立假設
- 觀測次數和期望次數
- 卡方值與卡方分布
- 顯著水準

WAK WAK漢堡的炸雞銷量比薯條還要差，搞不好比競爭對手MOG MOG漢堡還不如……。為了安撫店長那膽怯愛瞎操心的心情，艾咪只好利用統計學進行調查。

◐ 炸雞的銷量不高？

最近，WAK WAK漢堡的店長似乎在煩惱些什麼事，經常露出愁眉苦臉的表情。

 店長，您的氣色看起來不太好，發生什麼事了嗎？

 我們店裡的薯條銷量十分亮眼，是很重要的獲利來源。然而，相較之下，炸雞的銷量反而一點也沒有起色。

這麼說來，確實是如此。但是，我們是一家漢堡店，炸雞的銷量比薯條少，這是理所當然的事吧。MOG MOG漢堡的炸雞不也一樣賣得不多嗎？

是這樣嗎？妳真的如此認為？

應該吧……。

欸，艾咪，能不能用妳擅長的統計學幫忙調查看看？

調、調查什麼呢？（擅長統計的其實是海老原學長……）

我想請妳幫忙調查一下，我們家的炸雞和MOG MOG漢堡相比，是不是真的銷量較差。麻煩妳了！

嗚唉，怎麼又來了……。

◑ 調查薯條和炸雞的銷量

艾咪針對WAK WAK漢堡和MOG MOG漢堡的薯條和炸雞的日銷售數量進行調查。結果如表3-1-1所示。

表3-1-1　WAK WAK漢堡和MOG MOG漢堡的薯條和炸雞的銷售數量

商店	薯條	炸雞	合計
WAK WAK 漢堡	435	165	600
MOG MOG 漢堡	265	135	400

從這張表來看，WAK WAK的炸雞銷售數量為165個，而MOG MOG漢堡的炸雞銷售數量為135個。然而，縱使單純比較炸雞的銷售數量，也無法判斷兩家店是否存在差異，因為這兩家店的整體銷售數量截然不同。

因此，這裡以漢堡店的薯條這個招牌商品的銷售數量為基準，以此進行比較。其計算公式如下。

炸雞與薯條的比例＝
　　炸雞的銷售數量÷薯條的銷售數量

・WAK WAK 漢堡　　165÷435≒0.38
・MOG MOG 漢堡　　135÷265≒0.51

 WAK WAK 漢堡約四成，MOG MOG 漢堡約五成。也就是說，這是 WAK WAK 的炸雞銷售數量不及 MOG MOG 漢堡的意思嗎？

 請先等一下！

 哇，海老原學長，您、您是從哪裡冒出來的！

 艾咪，統計學不允許如此草率的判斷。第一步要先建立「假設」。

◑ 首先建立假設

在統計學中，第一步要從建立假設開始，這是指建立「○○是對的」這樣的假設，接下來再決定對這個假設持肯定或否定的態度。讓我們試著建立下面的假設。

【假設】MOG MOG 漢堡和 WAK WAK 漢堡之間，薯條和炸雞的銷售比例沒有差異

 「沒有差異」這樣的假設不是很奇怪嗎？我想知道的是「和 WAK WAK 漢堡是否存在差異」。我覺得一般都會建立「存在差異」的假設吧……。

 的確如此。可是在統計學中，一開始反而要先建立「沒有差異」的假設。此稱為虛無假設。

為何一開始要建立「沒有差異」這樣的虛無假設呢？

因為「存在差異」這樣的假設可以建立出無限多個，比如「存在極大差異」、「存在細微差異」、「存在中間差異」等。若想對每一個假設都進行討論，在實務上是不可能辦到的。相較之下，虛無假設的「沒有差異」不存在其他的形式。因此，我們只需決定是肯定或否定這個假設就可以了，判斷起來也相對單純。

肯定假設就是**接受**，否定假設就是**拒絕**。如果接受虛無假設的話，就能得到「沒有差異」的結論。反之，如果虛無假設遭到拒絕，結論就會是「不能認為沒有差異」，也就是「存在差異」的意思。與虛無假設相反的假設，稱為**對立假設**。對立假設是當虛無假設遭到拒絕時所接受的假設，形式為「不能認為沒有差異，相當於存在差異」。

總結起來，流程就如圖3-1-2所示。

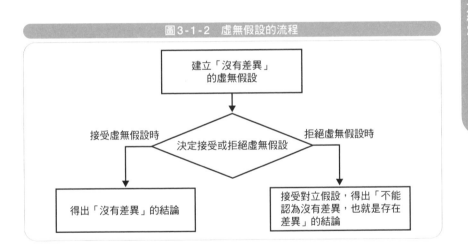

圖3-1-2　虛無假設的流程

建立「沒有差異」
的虛無假設

接受虛無假設時　　決定接受或拒絕虛無假設　　拒絕虛無假設時

得出「沒有差異」的結論

接受對立假設，得出「不能認為沒有差異，也就是存在差異」的結論

◐ 試著檢討假設

我們可以建立「銷售比例沒有差異」的虛無假設。假設「WAK WAK漢堡和MOG MOG漢堡的薯條和炸雞，是以完全相同的比例銷售」時，試著計算出銷售數量。因此，如果虛無假設得到的數量與實際數量相差不大，我們就能接受虛無假設，做出沒有差異的結論。

● 如果薯條和炸雞是以相同的比例銷售呢？

接下來要製作表格，有Excel的人可以在輸入資料的同時繼續閱讀下去。這裡會詳細說明，以便讓手邊沒有Excel的人也能輕鬆地追蹤計算結果，讓大家逐一仔細地理解吧。

那麼，讓我們檢視一下WAK WAK漢堡和MOG MOG漢堡一天的薯條和炸雞銷售數量表。

表3-1-3　WAK WAK漢堡和MOG MOG漢堡的薯條和炸雞銷售數量

	薯條	炸雞	合計
WAK WAK 漢堡	435	165	600
MOG MOG 漢堡	265	135	400
合計	700	300	1000

根據表3-1-3，兩家店的薯條合計有700個，炸雞合計有300個，總計為1000個。也就是說，薯條占整體的七成，炸雞占整體的三成。以此結果為基礎，計算出兩家漢堡店的薯條和炸雞銷售比例相同時的數量。其計算公式如下。

WAK WAK漢堡的薯條和炸雞合計為600，因此

・WAK WAK漢堡的薯條　　　$600 \times 0.7 = 420$

・WAK WAK漢堡的炸雞　　　$600 \times 0.3 = 180$

MOG MOG 漢堡的薯條和炸雞合計為400，因此

・MOG MOG 漢堡的薯條　　400 × 0.7 = 280

・MOG MOG 漢堡的炸雞　　400 × 0.3 = 120

試著將其彙整成表格。

表3-1-4　追加銷售比例相同時的銷售數量表

▼實際銷售數量

	薯條	炸雞	合計
WAK WAK 漢堡	435	165	600
MOG MOG 漢堡	265	135	400
合計	700	300	1000

▼銷售比例相同時的銷售數量

	薯條	炸雞	合計
WAK WAK 漢堡	420	180	600
MOG MOG 漢堡	280	120	400
合計	700	300	1000

表3-1-4上表的「實際銷售數量」稱為 觀測次數，也就是實際觀測到的次數的意思。

另外，下表的「以相同比例銷售時的銷售數量」稱為 期望次數。此即虛無假設，也就是當「兩家店的薯條和炸雞銷售比例沒有差異」成立時，我們所期望的次數。

◑ 比較觀測次數和期望次數

那麼接下來讓我們看看下一頁的表3-1-5，這就是我們剛才學過的觀測次數和期望次數的表格。話雖如此，但它只是把前面的表3-1-4的標題換掉而已。

表 3-1-5　觀測次數與期望次數

▼觀測次數

	薯條	炸雞	合計
WAK WAK 漢堡	435	165	600
MOG MOG 漢堡	265	135	400
合計	700	300	1000

▼期望次數

	薯條	炸雞	合計
WAK WAK 漢堡	420	180	600
. MOG MOG 漢堡	280	120	400
合計	700	300	1000

比較一下觀測次數和期望次數,可以得出以下結論。

在 WAK WAK 漢堡中,

- 實際上薯條賣得比較多
  (觀測次數 435 對期望次數 420)
- 實際上炸雞賣得比較少
  (觀測次數 165 對期望次數 180)

在 MOG MOG 漢堡中,

- 實際上薯條賣得比較少
  (觀測次數 265 對期望次數 280)
- 實際上炸雞賣得比較多
  (觀測次數 135 對期望次數 120)

儘管得知期望次數和觀測次數存在差異，可是這難道不是偶然發生的嗎？

 偶然？

 這麼說好了，WAK WAK漢堡的薯條數量，觀測次數為435，期望次數為420對吧？所以通常只會賣出420個，只不過恰巧這天多賣了15個……。

 確實是這樣沒錯！如果想知道這一點，我們必須弄清楚435和420之間的差（偏差）是否為原本相同，卻偶然出現了偏差，又或者是直接呈現本來就不同的數字。

用統計學的說法，學長的意思就是要確定這個偏差是「屬於誤差範圍內」，還是「不屬於誤差，卻超出了誤差範圍」。為了確定這一點，我們必須瞭解卡方值和卡方分布的內容。

3-2 計算卡方值

● 將觀測次數和期望次數的偏差化為數值

我們曾在第 1 章使用到變異數的概念，這是將偏離平均值的分散程度轉換為數值。同理，觀測次數和期望次數的偏差難道就不能轉換為數值嗎？讓我們一起思考看看。

首先，把觀測次數和期望次數的偏差，全部加總起來。

偏差方案 1 =（觀測次數－期望次數）的總和

不過，若使用上一節的數字，實際計算偏差方案 1 的話，則

$$(435-420)+(165-180)+(265-280)+(135-120)$$
$$=15+(-15)+(-15)+15$$
$$=0$$

我們可以看出這個數字往往會變成零，因為正數的部分和負數的部分會相互抵消。因此，我們必須像計算變異數時一樣，先經過平方再進行加總。

偏差方案 2 =（（觀測次數－期望次數）的平方）的總和

$$(435-420)^2+(165+180)^2+(265-280)^2+(135-120)^2$$
$$=15^2+(-15)^2+(-15)^2+15^2$$
$$=900$$

這樣看起來似乎好多了？然而，這種計算方式仍有不太恰當的地方。舉例來說，假設我們取10天的薯條和炸雞的銷售資料。簡單思考一下，假設資料是一天銷售量的10倍，則偏差值為：

$$(4350-4200)^2 + (1650-1800)^2 + (2650-2800)^2$$
$$+ (1350-1200)^2$$
$$= 150^2 + (-150)^2 + (-150)^2 + 150^2$$
$$= 90000$$

可以看見數字會變得非常龐大。因此，這裡要用（觀測次數－期望次數）的平方除以期望次數。

偏差方案3＝（（（觀測次數－期望次數）的平方）÷期望次數）的總和

$$(435-420)^2 \div 420 + (165-180)^2 \div 180 + (265+280)^2 \div 280$$
$$+ (135-120)^2 \div 120$$
$$= 15^2 \div 420 + (-15)^2 \div 180 + (-15)^2 \div 280 + 15^2 \div 120$$
$$\fallingdotseq 4.46$$

這個值稱為**卡方值**，它是以希臘字母「χ」來表示。再次總結一下。

卡方值＝（（（觀測次數－期望次數）的平方）÷期望次數）的總和

我們可以從這個公式看出以下內容。

【卡方值的性質】
・如果期望次數和觀測次數完全一致，卡方值為零
・反之，如果不一致（偏差）愈大，卡方值就愈大

利用Excel計算卡方值

這是根據輸入Excel中的觀測次數和期望次數的表格來計算卡方值的方法。

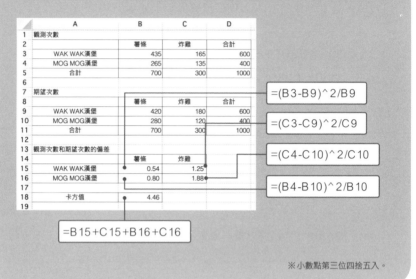

	A	B	C	D
1	觀測次數			
2		薯條	炸雞	合計
3	WAK WAK漢堡	435	165	600
4	MOG MOG漢堡	265	135	400
5	合計	700	300	1000
6				
7	期望次數			
8		薯條	炸雞	合計
9	WAK WAK漢堡	420	180	600
10	MOG MOG漢堡	280	120	400
11	合計	700	300	1000
12				
13	觀測次數和期望次數的偏差			
14		薯條	炸雞	
15	WAK WAK漢堡	0.54	1.25	
16	MOG MOG漢堡	0.80	1.88	
17				
18	卡方值	4.46		
19				

=(B3-B9)^2/B9

=(C3-C9)^2/C9

=(C4-C10)^2/C10

=(B4-B10)^2/B10

=B15+C15+B16+C16

※小數點第三位四捨五入。

3-3 卡方分布隨自由度而改變

● 瞭解卡方值的性質——乒乓球實驗

 經過計算，得到卡方值為 4.46。因為數字不為零，代表觀測次數和期望次數是有偏差的吧？

 沒錯。

 這個 4.46 是非常大的偏差嗎？還是說其實偏離得不多？

 為了確定這一點，我們再稍微學習一下卡方值的性質吧。

　　為了瞭解卡方值的性質，這裡以乒乓球實驗為例。首先，我們在箱子裡分別放入 50 顆白色和橙色的乒乓球。經過充分攪拌，從中隨機抽出 10 顆。接著調查這時白色和橙色乒乓球的數量。調查完畢之後，再把取出的乒乓球放回箱子裡，然後同樣隨機抽出 10 顆。

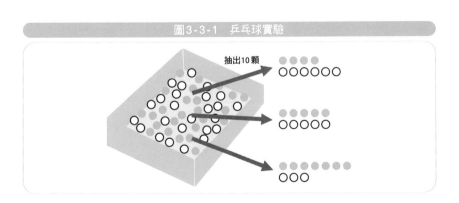

圖 3-3-1　乒乓球實驗

抽出10顆

如果我們重複數次這樣的隨機抽樣，會出現什麼結果呢？白色和橙色各抽出 5 顆的情況似乎比較容易發生（因為箱子裡原本就是放入相同數量的白色和橙色乒乓球）。這裡假設期望次數為白色 5 顆，橙色 5 顆。

假設從箱子裡抽出 5 顆白色和 5 顆橙色的乒乓球，此為觀測次數。這時的卡方值如下所示。

$$(5-5)^2 \div 5 + (5-5)^2 \div 5 = 0$$

由於期望次數與觀測次數相同，因此計算出來的卡方值即為零。同樣地，我們也試著針對其他的觀測次數計算卡方值，將其結果整理成表 3-3-2。

表 3-3-2　乒乓球的卡方值與容易發生的程度

▼期望次數

白色	橙色
5	5

▼觀測次數

白色	橙色	容易發生的程度（機率）	卡方值
5	5	最容易發生	0
6	4	容易發生	0.4
7	3	不容易發生	1.6
8	2	非常不容易發生	3.6
9	1	極度不容易發生	6.4

最容易發生的情況是抽出 5 顆白色和 5 顆橙色的乒乓球，這時的卡方值是 0。極度不容易發生的情況是抽出 9 顆白色和 1 顆橙色的乒乓球，這時的卡方值是 6.4。由此可以看出，發生的可能性（機率）愈小，卡方值就愈大。

喔，原來容易發生時的卡方值比較小，不容易發生時的卡方值比較大啊。

 是的，機率愈小，卡方值就愈大。將這個關係描繪成曲線，這個曲線就是卡方分布。

◑ 什麼是卡方分布？

橫軸設為卡方值，縱軸設為機率密度，這樣就能描繪出如圖3-3-3所示的卡方分布。所謂機率密度，例如在橫軸「3」的地方切出的右側面積，就代表「卡方值大於3的機率」。

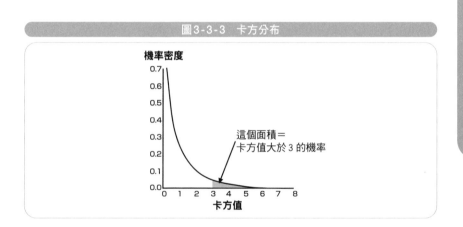

圖3-3-3 卡方分布

觀察卡方分布的圖，我們可以發現，卡方值愈趨近於零，機率密度就愈大幅增加；反之，卡方值愈大，機率密度就愈小。

在乒乓球實驗中，白色和橙色的乒乓球各有50顆，即使分別改成60顆和40顆，計算卡方值並畫出分布後，形狀同樣也是卡方分布。此外，雖然抽出的個數是10個，但無論是20個或30個，計算卡方值並畫出分布後，形狀仍同樣是卡方分布。

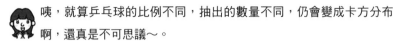 咦，就算乒乓球的比例不同，抽出的數量不同，仍會變成卡方分布啊，還真是不可思議～。

正因為有這樣的性質，卡方分布才得以適用於各種場合。

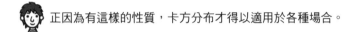 它也適用於WAK WAK漢堡和MOG MOG漢堡的薯條和炸雞銷售數量的比例嗎？

當然可以。我們能利用它調查艾咪計算出來的卡方值會以百分之幾的機率發生，但前提是必須計算「自由度」。

自由度？

◑ 觀察卡方分布在不同自由度下的變化

在抽出10顆白色和橙色乒乓球的情況下，只要確定白色乒乓球的數量，那麼橙色乒乓球的數量就會自動確定；換言之，在這兩種數量中，可以自由活動的只有其中之一，這個數字就稱為。抽出兩種乒乓球時，由於 $2-1=1$，因此「自由度為1」。

那麼，如果有白色、橙色和藍色這三種乒乓球時，自由度又是多少呢？在這種情況下，只要確定白色和橙色的數量，藍色的數量就會自動確定，因此自由度為 $3-1=2$。

無論是抽出的原始數量比例改變，抑或是抽出的數量改變，卡方分布都固定不變。然而，一旦自由度改變，卡方分布就會發生變化。圖3-3-4分別為自由度1、自由度3、自由度5的卡方分布。

喔喔喔，不一樣的自由度，會呈現截然不同的曲線啊。

 說得沒錯。

圖3-3-4　不同自由度的卡方分布

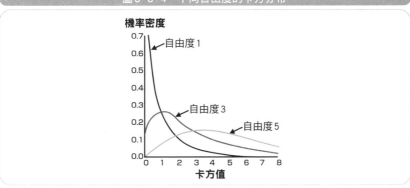

 那麼，這次要調查的內容，自由度是多少呢？

 啊，這些是下一節的內容。

3-4 進行卡方檢定

● 計算卡方值和自由度

讓我們再次確認一下數字吧。艾咪調查了WAK WAK漢堡和MOG MOG漢堡的薯條和炸雞的一日銷售數量，結果得到卡方值為4.46（表3-4-1）。

表3-4-1　薯條和炸雞的銷售數量（觀測次數／期望次數）

	薯條	炸雞	合計
WAK WAK 漢堡	435 ／ 420	165 ／ 180	600
MOG MOG 漢堡	265 ／ 280	135 ／ 120	400
合計	700	300	1000

$$(435-420)^2 \div 420 + (165-180)^2 \div 180 + (265-280)^2 \div 280$$
$$+ (135-120)^2 \div 120$$
$$= 15^2 \div 420 + (-15)^2 \div 180 + (-15)^2 \div 280 + 15^2 \div 120$$
$$\fallingdotseq 4.46$$

這個卡方值「4.46」服從卡方分布，那麼自由度是多少呢？一般而言，對於包含行與列的二維表格，自由度的計算方式如下。

自由度＝（行數－1）×（列數－1）

這次要調查的是表3-4-1這種二維表格，所以自由度為1。

自由度＝（2－1）×（2－1）＝1

計算機率

自由度為1，卡方值為4.46。瞭解自由度和卡方值之後，接著調查發生事件的機率。調查機率時，可以使用卡方分布表（表3-4-2）。

表3-4-2　卡方分布表

自由度	機率	
	0.05	0.01
1	3.84	6.63
2	5.99	9.21
3	7.81	11.34
4	9.49	13.28
5	11.07	15.09
⋮	⋮	⋮

查詢表3-4-2的卡方分布表，可以看見自由度1、機率0.05（5%）時的卡方值為3.84。這代表什麼意思呢？讓我們用自由度1的卡方分布圖（圖3-4-3）來說明一下吧。

圖3-4-3　自由度1的卡方分布

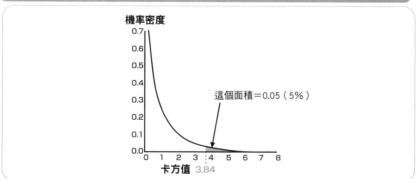

機率密度

這個面積＝0.05（5%）

卡方值 3.84

在卡方值為3.84的地方將曲線區隔開來，左邊的面積是0.95（95％），右邊的面積是0.05（5％）。我們也可以用「面積＝機率」來思考，這表示卡方值小於3.84時會有95％的機率發生，卡方值大於3.84時，發生的機率只有5％。換句話說，卡方值大於3.84的機率小於5％。

接著讓我們思考自由度1、機率0.01（1％）的情況。自由度1，機率0.01（1％）時的卡方值為6.63。按照剛才的思考方式，卡方值小於6.63時，發生的機率為99％；卡方值大於6.63時，發生的機率只有1％。換句話說，卡方值大於6.63的機率小於1％。

話說回來，經過計算，我們得到卡方值為4.46。這個數字可以用下面的方式來解釋。

「假設WAK WAK漢堡和MOG MOG漢堡之間，薯條和炸雞的銷售比例沒有差異（虛無假設），那麼當卡方值為4.46時，其機率小於5％，大於1％。」

◗ 設定顯著水準

我們已經知道卡方值4.46出現的機率在1％到5％之間。這表示每100次只會發生1～5次。這算是「不容易發生」嗎？又或者應該說「並非那麼不容易發生的事」？但機率確實比中彩券一等獎時還要大。

在統計學中，顯著水準是用來決定這種情況是否不常發生的標準。如果機率小於顯著水準，就會將其認定為「不常發生」，也就是並非偶然產生的誤差。如果機率大於顯著水準，那麼就會認定為「不能認為不常發生」，也就是會將其視為偶然產生的誤差。

顯著水準在傳統上會使用5％或1％。與5％的顯著水準相比，1％的顯著水準可以說有著更嚴謹的判斷方式。顯著水準不管要使用5％和1％都可以，重點在於必須事先決定好顯著水準。

進行假設檢定

讓我們回到炸雞和薯條的話題吧。

卡方值為 4.46，這種情況發生的機率在 5% 到 1% 之間。如果將顯著水準設為 5%，由於這個機率很小，因此我們可以認定這是「不常發生的事件」。這個數字可以用下面的方式來解釋。

- 假設為「WAK WAK 漢堡和 MOG MOG 漢堡的薯條和炸雞，兩者的銷售比例沒有差異」。

- 在這個虛無假設的前提下，計算出來的卡方值為 4.46。

- 卡方值 4.46 的發生機率小於 5%。

- 由於顯著水準設定為 5%，因此可以認為這是「不常發生的事」。

- 之所以發生「不常發生的事」，可以認為是因為虛無假設錯誤。

- 由此可以認為，虛無假設「WAK WAK 漢堡和 MOG MOG 漢堡的薯條和炸雞，兩者的銷售比例沒有差異」是錯誤的。

- 拒絕虛無假設。

・由於虛無假設遭到拒絕，因此接受對立假設「WAK WAK漢堡和MOG MOG漢堡的薯條和炸雞，兩者的銷售比例存在差異」。這就是結論。

像這樣，針對母體建立假設，通過樣本來推估該假設是否正確的過程，就稱為**檢定**（確切來說是**假設檢定**）。我們可以根據卡方檢定的結果，做出「WAK WAK漢堡和MOG MOG漢堡的薯條和炸雞，兩者的銷售比例存在差異」的結論。

◑ 決斷……果然還是需要對策嗎？

艾咪把這個結論告訴店長。

 我已經針對薯條和炸雞的銷售數量進行過卡方檢定了。

 妳、妳說那個卡什麼的是什麼玩意兒？

總而言之，這個結果告訴我們「WAK WAK漢堡和MOG MOG漢堡的薯條和炸雞，兩者的銷售比例存在差異」。在5%的顯著水準之下，我們可以認為WAK WAK漢堡的炸雞銷售比例比較小。

那、那個顯著水準又是什麼意思？

它的意思是，發生難以用偶然來解釋的事件。換言之，炸雞比偶然的情況下賣得還要少。

是、是這樣嗎？我們的炸雞果然銷量不佳啊。

就是這個意思。

那我們得思考一些因應對策了。嗯，感謝妳幫忙調查。

　　好了，這次已經介紹如何建立假設，檢查它是否正確的做法。讓我們通過下面的POINT來確認假設檢定的步驟吧。這個假設檢定的方法，後面也會用到。

P O I N T

假設檢定的方法

❶ 建立「○○和○○之間沒有差異」這類形式的虛無假設。

❷ 計算卡方值，以觀察期望次數和觀測次數的偏差。

❸ 調查卡方值的出現機率。

❹ 以顯著水準為基準，決定要拒絕或接受虛無假設。

如何看待簡單的問卷調查

例如，讓三個人試吃WAK WAK漢堡和MOG MOG漢堡的炸雞，比較哪家的炸雞比較好吃。假設三個人都說WAK WAK漢堡的炸雞好吃，沒有人説MOG MOG的炸雞好吃。

這時，我們是否可以判斷WAK WAK的炸雞「明顯」好吃呢？因為WAK WAK漢堡的炸雞得到三票對零票的壓倒性勝利，感覺似乎不必再多做討論。然而，若想判斷WAK WAK漢堡明顯好吃，這個資料數量似乎還遠遠不夠。在這種情況下，我們應該如何思考？

●精確檢定的思考方式

卡方檢定所使用的檢定思考方式，也能用於這個地方。在此先複習一下檢定的思考方式吧。

首先建立「WAK WAK漢堡和MOG MOG漢堡的炸雞，美味程度沒有差異」這樣的虛無假設。在這個虛無假設的前提下，計算出「3比0」的發生機率。如果這個機率大於事先決定好的顯著水準（比如5%），即可接受虛無假設。反之，若這個機率小於顯著水準，就代表發生了不可能偶然發生的事情，因此拒絕虛無假設，接受對立假設「美味程度存在差異」。

那麼，讓我們計算一下三人做判斷時，發生「3比0」的機率。WAK WAK漢堡比較好吃就用「○」、MOG MOG漢堡比較好吃就用「●」來表示。此時，三人分別獨立判斷時的模式，共有以下8種。

(1) ○○○	(2) ○○●	(3) ○●○	(4) ●○○
(5) ○●●	(6) ●○●	(7) ●●○	(8) ●●●

以三票對零票認為WAK WAK漢堡的炸雞比較好吃（〇〇〇）的模式，是8種模式中的其中1種；也就是說，發生這種模式的機率是1/8，也就是12.5%。因此，當顯著水準為5%時，由於12.5%的機率大於5%，不能拒絕虛無假設。從這個結論來看，我們不能認為WAK WAK漢堡的炸雞比MOG MOG漢堡的炸雞更來得美味。

這種檢定方法稱為精確檢定（Exact test）。田中敏和中野博幸共著的《快速資料分析》（2004年新曜社出版）一書中，介紹了精確檢定的各種適用範例，在此推薦給大家。

問題 針對某小學的櫻班和桃班舉辦喜歡國語或數學的問卷調查。櫻班的班導是大學專攻國語的老師，而桃班的班導是專攻數學的老師。做這個問卷調查的目的，主要是想瞭解班導的專業是否會影響到其負責班級的學生對於科目的喜好。

調查的結果如下表所示，請試著以卡方檢定進行分析。

	櫻班	桃班	合計
喜歡國語	24	18	42
喜歡數學	8	18	26
合計	32	36	68

① 請說出這個檢定的虛無假設。

② 請說出這個檢定的對立假設。

③ 試求虛無假設成立時的期望次數（小數點第三位四捨五入）。

④ 試求卡方值（小數點第三位四捨五入）。

⑤ 在1%的顯著水準之下，請寫出根據卡方值得出的結論。

⑥ 請用簡單易懂的方式說明以上的檢定結果。

答案在 ➡ p.165

第 4 章

哪一家的商品更受歡迎？

t檢定（成對樣本）

（本章學習的內容）

- 平均數差的信賴區間
- t檢定
- 拒絕域

WAK WAK漢堡和MOG MOG漢堡，究竟哪間店更受女高中生歡迎呢？店長對此煩惱不已。艾咪也在這個時候利用了統計學，對問卷調查的結果進行解讀。

◑ 不受女高中生歡迎？

WAK WAK漢堡的店長對工作有相當的熱忱，他對漢堡的味道或客人的看法等各種大小事都非常在意。

 艾咪，我總覺得我們店裡的女高中生客人不是很多，妳對這件事有什麼看法？

 這麼說來，來店裡光顧的大部分都是上了年紀的客人。

MOG MOG 漢堡整間滿滿都是女高中生，真令人羨慕……。

您羨慕能看到很多女高中生嗎？

啊，不，我不是這個意思……。我只是在想，本店的口味難道不合現在女高中生的胃口……？欸，艾咪，妳可以幫忙用統計學調查一下嗎？

咦？調查「是否受女高中生歡迎」？這種事能辦到嗎？

● 讓調查對象給漢堡的味道打分數

這次艾咪仍舊拜託大學研究室的海老原學長幫忙，兩人隨即針對這個問題進行討論。

這次是調查漢堡是否受到女高中生的歡迎啊。

是的。不過，這種事能夠利用統計學得知嗎？

只需讓女高中生評價WAK WAK漢堡和MOG MOG漢堡的味道就沒問題了。

呃，具體該怎麼做呢？

艾咪學妹，妳可以到車站找經過剪票口的女高中生，每經過十人請一人試吃。請第一位女高中生試吃WAK WAK漢堡，讓她針對味道打分數（滿分100分）；第二位女高中生試吃MOG MOG漢堡，同樣讓她打分數。

所以，讓第三位女高中生試吃WAK WAK漢堡嗎？

對對，就是這樣。按照這個方式，針對兩家的漢堡分別得到8位女高中生的資料。

艾咪將調查的資料整理成表4-1-1。她還計算了兩家漢堡的平均分數和作為偏差指標的樣本變異數。

表4-1-1　針對WAK WAK漢堡和MOG MOG漢堡味道的評價

編號	WAK WAK漢堡的分數	MOG MOG漢堡的分數
1	70	85
2	75	80
3	70	95
4	85	70
5	90	80
6	70	75
7	80	80
8	75	90
樣本數	8	8
樣本平均數	76.88	81.88
樣本變異數	49.61	55.86

MEMO　利用Excel計算平均分數和樣本變異數

只要按照下列方式，就能在Excel中計算出平均分數和樣本變異數。

	A	B	C	
1	編號	WAK WAK漢堡的分數	MOG MOG漢堡的分數	
2	1	70	85	
3	2	75	80	
4	3	70	95	=AVERAGE(B2:B9)
5	4	85	70	
6	5	90	80	
7	6	70	75	=VARP(B2:B9)
8	7	80	80	
9	8	75	90	
10	樣本數	8	8	=AVERAGE(C2:C9)
11	樣本平均數	76.88	81.88	
12	樣本變異數	49.61	55.86	=VARP(C2:C9)

※樣本平均數和樣本變異數分別是將小數點第三位四捨五入。

WAK WAK漢堡的味道平均分數為76.88分，MOG MOG漢堡為81.88分；WAK WAK漢堡的樣本變異數為49.61，MOG MOG漢堡為55.86。

 WAK WAK漢堡的味道平均分數為76.88分，MOG MOG漢堡為81.88分；WAK WAK漢堡的樣本變異數為49.61，MOG MOG漢堡為55.86。

關於這個差距，可以思考以下兩種選項。

・5分的差距有其意義
因為MOG MOG漢堡的平均分數比較高，可以認為MOG MOG漢堡更受女高中生的歡迎。

・5分的差距沒有意義
從樣本變異數（資料的分散程度）的角度來思考，可以認為5分的差異微不足道。

那麼問題來了，這裡採用哪一種觀點比較恰當呢？

4-2 平均數差之信賴區間

◐ 回憶信賴區間的思考方式

WAK WAK漢堡的平均評分與MOG MOG漢堡的平均評分，兩者相差了5分。為了確定這5分有多麼值得信賴，我們必須計算其信賴區間。

大家還記得第二章提到的「信賴區間」嗎？信賴區間是指以某種機率包含母體平均數的範圍。例如，以95％的機率包含母體平均數的範圍，就稱為95％信賴區間。

信賴區間的公式如下。

信賴區間＝樣本平均數 ±t× 標準誤差

「t」是從t分布表（表4-2-1）得到的數字。根據自由度和t分布的機率95％(或99％)，在t分布表中查出t為多少。自由度為「樣本數－1」。

表4-2-1　t分布表

自由度	機率95%	機率99%	自由度	機率95%	機率99%
1	12.706	63.657	8	2.306	3.355
2	4.303	9.925	9	2.262	3.250
3	3.182	5.841	10	2.228	3.169
4	2.776	4.604	11	2.201	3.106
5	2.571	4.032	12	2.179	3.055
6	2.447	3.707	13	2.160	3.012
7	2.365	3.499	14	2.145	2.977

標準誤差是指樣本平均數的標準差，可以通過以下的公式計算出來。

樣本平均數的標準差（標準誤差）＝$\sqrt{不偏變異數 \div 樣本數}$

不偏變異數為母體變異數的估計值。實際上，我們並無法得知母體變異數，因此以不偏變異數來估計。不偏變異數的公式如下。

不偏變異數＝（（資料－平均值）²）的總和÷（樣本數－1）

🔵 將信賴區間應用於差值

好了，在回想信賴區間的時候，我們可以思考將其應用於「平均值之差」。

假設這裡有母體A和母體B，從這兩個母體中分別抽出大小相同的樣本A和樣本B，然後計算兩組樣本的樣本平均數和樣本變異數，之後再重複多次抽出和計算。

圖4-2-2　分別從母體A和母體B抽出樣本

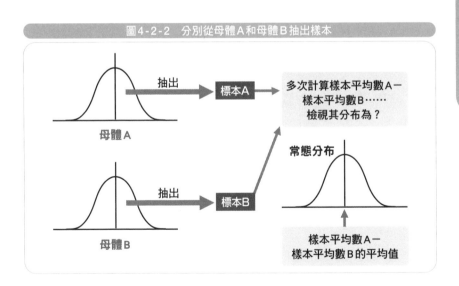

問題在於樣本平均數A和樣本平均數B之間的差值分布呈現什麼樣的結果。先說結論，這個分布服從常態分布，我們可以直接使用計算信賴區間的公式。

平均數差的信賴區間＝（樣本平均數A－樣本平均數B）±t×差之標準誤差

這裡的問題在於要如何計算出「差之標準誤差」。

樣本平均數A的變異數，是以（母體變異數A÷樣本數A）來計算。同樣地，樣本平均數B的變異數，也是以（母體變異數B÷樣本數B）來計算。那麼回到問題，兩者之差（樣本平均數A－樣本平均數B）的變異數又是如何計算呢？

公式為（母體變異數A÷樣本數A）和（母體變異數B÷樣本數B）相加在一起。

因為這兩組樣本是從不同的母體中分別抽出，彼此獨立。

母體變異數都是以不偏變異數來估計，所以差之標準誤差的公式如下。

差之標準誤差
$$=\sqrt{（不偏變異數A÷樣本數A）＋（不偏變異數B÷樣本數B）}$$

這裡假設A和B的母體變異數相等，標記為「估計母體變異數」，如下所示。

差之標準誤差
$$=\sqrt{（估計母體變異數÷樣本數A）＋（估計母體變異數÷樣本數B）}$$
$$=\sqrt{估計母體變異數×（（1÷樣本數A）＋（1÷樣本數B））}$$

估計母體變異數使用下面的公式來估計。方法和計算不偏變異數一樣，相當於平均偏差的平方和除以（樣本數－1）。

估計母體變異數

$$= \frac{\text{樣本A的平均偏差之平方和} + \text{樣本B的平均偏差之平方和}}{(\text{樣本數A} - 1) + (\text{樣本數B} - 1)}$$

$$= \frac{((\text{資料} - \text{樣本A的平均值})^2)\text{的總和} + ((\text{資料} - \text{樣本B的平均值})^2)\text{的總和}}{(\text{樣本數A} - 1) + (\text{樣本數B} - 1)}$$

如此一來就可以計算出平均數差的信賴區間。

那麼,讓我們按照步驟逐一計算吧。首先,分別計算 WAK WAK 漢堡和 MOG MOG 漢堡的平均偏差之平方和。樣本變異數是平均偏差之平方和((資料－平均值)²的總和)除以樣本數。因此,平均偏差之平方和只需以樣本變異數乘以樣本數即可求出。

WAK WAK 漢堡的平均偏差之平方和
=樣本變異數 49.61 × 樣本數 8 = 396.88

MOG MOG 漢堡的平均偏差之平方和
=樣本變異數 55.86 × 樣本數 8 = 446.88

接著計算估計母體變異數和差之標準誤差。

估計母體變異數
=(WAK WAK 漢堡的平均偏差之平方和 396.88
+ MOG MOG 漢堡的平均偏差之平方和 446.88)
÷((WAK WAK 漢堡的樣本數 8−1)+(MOG MOG 漢堡的樣本數 8−1))
= 60.27

差之標準誤差
$= \sqrt{60.27 \times ((1 \div \text{WAK WAK 樣本數} 8) + (1 \div \text{MOG MOG 樣本數} 8))}$
= 3.88

接著查找t值。這裡的自由度為（WAK WAK漢堡的樣本數8－1）＋（MOG MOG漢堡的樣本數8－1），因此自由度為14。根據t分布表（→P.84），當自由度為14時，95%的t值為2.145。因此，差之信賴區間計算如下。

差之信賴區間

＝（WAK WAK漢堡的平均分數76.88－MOG MOG漢堡的平均分數81.88）
　　±t值2.145×差之標準誤差3.88

＝－5.00±8.33

＝－13.33～3.33

由上可知，差之信賴區間（95%）為－13.33到3.33之間。

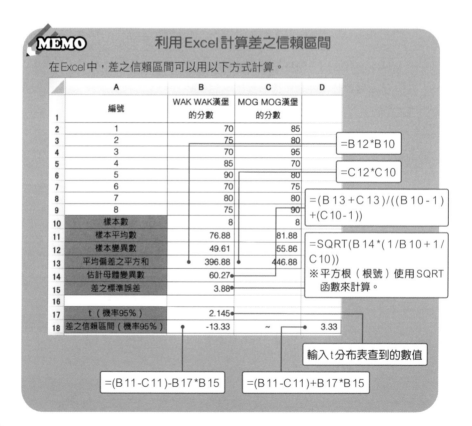

MEMO 利用Excel計算差之信賴區間

在Excel中，差之信賴區間可以用以下方式計算。

	A	B	C	D
1	編號	WAK WAK漢堡的分數	MOG MOG漢堡的分數	
2	1	70	85	
3	2	75	80	
4	3	70	95	
5	4	85	70	
6	5	90	80	
7	6	70	75	
8	7	80	80	
9	8	75	90	
10	樣本數	8	8	
11	樣本平均數	76.88	81.88	
12	樣本變異數	49.61	55.86	
13	平均偏差之平方和	396.88	446.88	
14	估計母體變異數	60.27		
15	差之標準誤差	3.88		
16				
17	t（機率95%）	2.145		
18	差之信賴區間（機率95%）	-13.33	~	3.33

=B 12*B 10

=C 12*C 10

=(B 13＋C 13)/((B 10-1)+(C 10-1))

=SQRT(B 14*(1/B 10＋1/C 10))
※平方根（根號）使用SQRT函數來計算。

輸入t分布表查到的數值

=(B 11-C 11)-B 17*B 15

=(B 11-C 11)+B 17*B 15

● 差之信賴區間的解釋

WAK WAK漢堡和MOG MOG漢堡的評分相差了5分。可是，在計算出95％的信賴區間之後，我們發現信賴區間的範圍為－13.33到3.33之間。這表示母體的平均數差，有95％的機率包含在這個範圍內。也就是說，以下情況全都包含在內。

- 差值為－13：MOG MOG漢堡的評價相較高了許多
- 差值為0：WAK WAK漢堡和MOG MOG漢堡的評價相同
- 差值為＋3：WAK WAK漢堡的評價略高一些

請大家注意其中包含差值為0的情況，這意味著以下內容。

「WAK WAK漢堡和MOG MOG漢堡的評價分數差了5分，但是，兩者的信賴區間也包含零分在內。換言之，母體平均數差包含零分，可以解釋成WAK WAK漢堡和MOG MOG漢堡的評價沒有差異的情形，也極有可能發生」。

因此，這5分之差不能認定是有意義的差異，也就是顯著差異。這就是對差之信賴區間計算結果的解釋。

4-3 進行 t 檢定

◗ 回憶假設檢定的思考方式

接下來讓我們思考看看，如何決定 WAK WAK 漢堡和 MOG MOG 漢堡的味道評價之間是否存在有意義的差異（顯著差異）。

為了達到這個目的，需要使用第三章介紹的假設檢定的思考方式。假設檢定的思考方式如下。

1. 建立「沒有差異」的虛無假設。

2. 計算適當的指標。

3. 計算該指標發生的機率。

4. 根據這個機率，決定要接受或拒絕虛無假設。
   ・接受虛無假設時，做出「不具有意義的差異（顯著差異）」的結論。
   ・拒絕虛無假設時，接受對立假設，做出「不能認為沒有差異，也就是存在有意義的差異（顯著差異）」的結論。

◗ 指標 t 的性質

思考 A 和 B 兩個母體。假設 A 和 B 大致服從常態分布，平均值和變異數都大致相等。從 A、B 這兩個母體中分別抽出 NA 個、NB 個樣本，將其設為樣本組 A、B。

分別計算樣本組 A、B 的平均值，將其設為樣本平均數 A、B。樣本平均數 A 和樣本平均數 B 之間的差，可以視為大多趨近於零，這是因為原始母體 A 和 B 的平均值是相等的緣故，因此可以推測，從兩個母體中抽出的樣本組 A、B，彼此之間的平均值也幾乎十分接近。

這時，我們需要考慮以下的指標 t。

t ＝（樣本平均數的差）÷（樣本平均數的差之標準誤差）

前面已經提過，這個 t 服從自由度（NA ＋ NB － 2）的 t 分布。

第**4**章 ｜ 哪一家的商品更受歡迎？ ｜ t 檢定（成對樣本）

圖 4-3-1　t 分布的示意圖

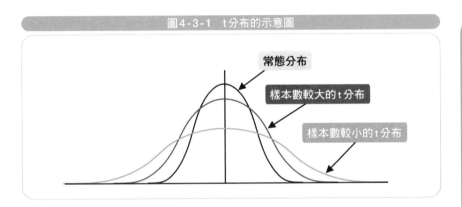

樣本平均數之差的標準誤差，如上一節所述，是以下面的公式來估計。

差之標準誤差
$$=\sqrt{（不偏變異數 A ÷ 樣本數 A）＋（不偏變異數 B ÷ 樣本數 B）}$$

這裡假設 A 和 B 的母體變異數相等，標記為「估計母體變異數」，則

差之標準誤差
$$=\sqrt{（估計母體變異數 ÷ 樣本數 A）＋（估計母體變異數 ÷ 樣本數 B）}$$
$$=\sqrt{估計母體變異數 ×（（1 ÷ 樣本數 A）＋（1 ÷ 樣本數 B））}$$

估計母體變異數使用下面公式來估計，這與計算不偏變異數的方法相同。

估計母體變異數

$$= \frac{\text{樣本A的平均偏差之平方和} + \text{樣本B的平均偏差之平方和}}{（\text{樣本數A} - 1）+（\text{樣本數B} - 1）}$$

$$= \frac{((\text{資料} - \text{樣本A的平均值})^2)\text{的總和} + ((\text{資料} - \text{樣本B的平均值})^2)\text{的總和}}{（\text{樣本數A} - 1）+（\text{樣本數B} - 1）}$$

經過整理之後，結果如下。

$$t = \text{樣本平均數之差} \div$$
$$\sqrt{\text{估計母體變異數} \times ((1 \div \text{樣本數A}) + (1 \div \text{樣本數B}))}$$

> **MEMO** ## 利用 Excel 計算指標 t
>
> 針對WAK WAK漢堡和MOG MOG漢堡的評分，試著利用Excel來計算t值。
>
> 平均偏差之平方和、估計母體變異數、差之標準誤差的計算方法，與上一節的MEMO（→P.88）相同。由於t＝（樣本平均數之差）÷（樣本平均數之差的標準誤差），因此我們在B17儲存格中輸入「＝（B11-C11）/B15」。

	A	B	C
1	編號	WAK WAK漢堡的分數	MOG MOG漢堡的分數
2	1	70	85
3	2	75	80
4	3	70	95
5	4	85	70
6	5	90	80
7	6	70	75
8	7	80	80
9	8	75	90
10	樣本數	8	8
11	樣本平均數	76.88	81.88
12	樣本變異數	49.61	55.86
13	平均偏差之平方和	396.88	446.88
14	估計母體變異數	60.27	
15	差之樣本標準誤差	3.88	
16			
17	t	-1.29	

=(B11-C11)/B15

⦿ 檢視 t 分布表

估計母體變異數已經於上一節計算出來，為60.27。因此，t值如下。

$$t =（ WAK WAK 漢堡的平均數 76.88 - MOG MOG 的平均數 81.88 ）\div$$
$$\sqrt{\text{估計母體變異數}60.27 \times（（1 \div \text{樣本數}8）+（1 \div \text{樣本數}8））}$$
$$= -1.29$$

好了，經過計算，我們得到t值為 -1.29。那麼這個值發生的機率是多少呢？

這裡使用t分布表來調查這個機率，t分布會隨著自由度而不斷變化。若採用t檢定，其自由度是由（樣本數A-1）和（樣本數B-1）相加而來。這裡的樣本數A和樣本數B均為8，所以自由度為（8-1）+（8-1）＝14。查詢一下t分布表（表4-3-2）中自由度14的部分。

表4-3-2　t分布表

自由度	機率95%	機率99%	自由度	機率95%	機率99%
1	12.706	63.657	8	2.306	3.355
2	4.303	9.925	9	2.262	3.250
3	3.182	5.841	10	2.228	3.169
4	2.776	4.604	11	2.201	3.106
5	2.571	4.032	12	2.179	3.055
6	2.447	3.707	13	2.160	3.012
7	2.365	3.499	14	2.145	2.977

自由度14，在機率95%（顯著水準5%）的t值為2.145，機率99%（顯著水準1%）的t值為2.977。這意味著以下內容。

- 自由度為14的時候，t大於2.145或小於 -2.145的機率不到5%。
- 此外，t大於2.977或小於 -2.977的機率不到1%。

t大於2.977或小於－2.977的部分，稱為在1％的顯著水準下<u>拒絕域</u>。同樣地，t大於2.145或是小於－2.145的部分，稱為在5％的顯著水準下之拒絕域。

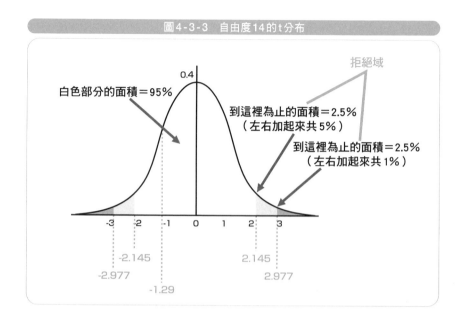

圖4-3-3　自由度14的t分布

t檢定的思考方式

　　假設將顯著水準設定為5％，如果t大於2.145或小於－2.145的話（進入拒絕域），就表示發生的機率在5％以下；因此兩個母體的平均數，也就是WAK WAK漢堡和MOG MOG漢堡的評分之平均數差，這個假設檢定遭到拒絕。從結論來看，不能認為WAK WAK漢堡和MOG MOG漢堡的平均評分沒有差異；換句話說，評分之間存在差異。

　　話說回來，計算出來的t值為－1.29，沒有進入5％顯著水準的拒絕域，因此不拒絕虛無假設。從結論來看，這代表WAK WAK漢堡和MOG MOG漢堡的平均評分沒有差異。至此總算完成了t檢定。

店長，請您放一百個心。經過我的調查，WAK WAK漢堡和MOG MOG漢堡的味道沒有什麼區別。

 真的嗎？為何妳能如此斷言呢？

 我隨機抽出8位女高中生，讓她們試吃WAK WAK漢堡，接著再以同樣的方式抽出8位女高中生，讓她們試吃MOG MOG漢堡，請這幾位女高中生對試吃的漢堡評分。經過計算，MOG MOG漢堡的平均分數比WAK WAK漢堡還要多出5分……。

 咦！？這不就表示MOG MOG漢堡比較好吃不是嗎？

 光從平均分數來看是這樣沒錯，但從t檢定的結果來看，可以看出兩者之間的平均數沒有顯著差異。

 「顯著差異」是什麼意思？

 是的，簡單來說，這是比偶然情況更明顯的差異。因為兩者之間沒有顯著差異，代表對女高中生來說，WAK WAK漢堡和MOG MOG漢堡的味道沒有太大區別。

 這真是太好了！
呃？不對，一點也不好！妳應該告訴女高中生「WAK WAK漢堡超好吃」才對吧！

t檢定步驟整理

① 建立虛無假設。

「WAK WAK 漢堡（全體）和 MOG MOG 漢堡（全體）的美味度評分沒有差異」

② 建立否定虛無假設的對立假設。

「WAK WAK 漢堡（全體）和 MOG MOG 漢堡（全體）的美味度評分存在差異」

③ 決定顯著水準。

通常嚴謹一點會採用1%，稍微寬鬆一點就採用5%

④ 使用取得的樣本計算指標t。

⑤ 根據樣本數計算自由度。

自由度＝（A的樣本數－1）＋（B的樣本數－1）
　　　＝A的樣本數＋B的樣本數－2

⑥ 觀察t分布表中對應自由度的部分，判斷計算的t值是否落入拒絕域，以決定應該拒絕或接受虛無假設。

・如果t沒有落入拒絕域，就接受虛無假設

・如果t落入拒絕域，就拒絕虛無假設，接受對立假設

⑦ 下結論。

・接受虛無假設的情況下，「WAK WAK 漢堡（全體）和 MOG MOG 漢堡（全體）的美味度評分沒有差異」

・接受對立假設的情況下，「WAK WAK 漢堡（全體）和 MOG MOG 漢堡（全體）的美味度評分存在差異」

專　欄

為什麼新聞報導不呈現顯著差異？

　　北海道警方針對某段期間內發生汽車事故的司機星座進行調查，結果顯示雙魚座的人占了大多數。我們可以根據這個調查結果，做出雙魚座的人應該特別注意駕駛的結論嗎？

　　另外，根據石川縣警方的調查，雙子座的人最常發生行車事故。加拿大的保險公司也曾針對10萬人進行大規模的調查，得知天秤座的人最容易發生行車事故（順帶一提本人就是天秤座）。由此看來，容易引發行車事故的星座似乎因地區而異。

●慎重的判斷無法成為新聞話題!?

　　學習過檢定這個觀點和步驟之後，就會瞭解不能因為特定星座的司機發生行車事故的次數比其他星座還要多，就因此斷定事故的發生絕非偶然，也就是「非常顯著」。

　　但是，我們仍經常在報章雜誌上看見星座和事故件數的關聯這類報導。當然，從實際數據來看，不同的星座，有些事故件數較多，有些較少。然而，我們想知道的是，特定星座與其他星座相比，事故的發生機率是比偶然更多或更少？如果不是這樣的話，即代表不同星座造成的事故件數沒有區別。

　　話雖如此，「沒有差異」並不能作為新聞來報導。如果是誠實的記者，報導內容大概會寫成「雖然星座造成的事故件數多少有些差異，但經過檢定之後發現，其中並沒有顯著差異」，簡單來說就是沒有區別。然而，倘若如實報導，可能會遭到讀者投訴：「明明沒有區別，那為什麼還要報導呢？」大概是因為這個緣故，報紙上才沒有特地針對檢定和顯著差異進行深入報導。

第**4**章　哪一家的商品更受歡迎？—— t 檢定（成對樣本）

問題 某小學為了教授數學的分數計算，於是發明利用漫畫的全新授課方式。校方想確認這種教學方式究竟有沒有效果，因此對櫻班採取原來的教學方式，對桃班採取新的教學方式，之後，對這兩個班級進行共同考試。

考試的分數資料（滿分為10分）如下表所示，請試著以t檢定來進行分析。

> ●櫻班18人的分數：
> 7,8,10,5,8,7,9,5,6,9,10,6,7,8,7,9,10,6
>
> ●桃班20人的分數：
> 9,9,6,10,9,8,10,7,9,10,6,8,9,9,10,7,8,8,10,9

①請說出這個檢定的虛無假設。

②請說出這個檢定的對立假設。

③試求t值（小數點第三位四捨五入）。

④在1%的顯著水準之下，請寫出根據t值得出的結論。

⑤請用簡單易懂的方式說明以上的檢定結果。

答案在 ➡ P.165

第 **5** 章

希望調查得更詳細一些！

t 檢定（單一樣本）

本章學習的內容

● 單一樣本的 t 檢定

5-1 讓每人評價兩種類型

對於上次 t 檢定得出的結論，店長似乎還有一些地方無法認同。那麼，還有沒有更詳細的調查方法呢？這個方法就是本章將要學習的「單一樣本的 t 檢定」。

◑ 更加詳細，該怎麼做？

上次做完 t 檢定後，得出接受虛無假設「WAK WAK 漢堡和 MOG MOG 漢堡在分數上沒有差異」的結論。艾咪向店長報告這個結果，只見店長依然眉頭深鎖，抱著胳膊露出一副苦惱的表情。

 嗯⋯⋯雖然沒有顯著差異，但 MOG MOG 漢堡的評價卻略勝一籌。

話雖如此，但既然沒有顯著差異，絕對不算是不好的結果吧？

不過，我還是很在意MOG MOG漢堡的平均評分比較高這件事。難道就沒有更詳細的調查方法來確定兩者到底有沒有差異？

咦，更詳細嗎？……，嗯——，真的有這種方法嗎？

◑ 兩種都試吃再評價

有煩惱的時候找海老原學長準沒錯，因此艾咪立刻前去請教海老原學長。

妳想知道還有沒有更詳細的調查方法？上次做的是t檢定，資料方面是從……嗯，也對，照上次的做法應該沒辦法再做更進一步的檢定了。既然這樣，我們就重新思考一下資料的取得方式吧。

資料的取得方式嗎？我記得上次的資料是讓不同的女高中生試吃其中一種漢堡，並針對漢堡的味道打分數。

對，每位女高中生只試吃一種漢堡吧？也就是說……。

原來如此，不是比較MOG MOG漢堡和WAK WAK漢堡後才打分數。所以，這次要請每個人兩種都試吃，然後再打分數就可以了吧。

對，就是這樣，艾咪妳真會舉一反三，看來妳已經完全掌握統計學的訣竅了呢！

這次只要隨機抽出8位女高中生，請她們試吃兩種漢堡進行比較，再分別替這兩種漢堡打分數就可以了對吧。

妳說得對。不過，還有一個必須注意的地方。評價不能因為先試吃哪種漢堡而有所偏差，所以得讓一半的女高中生先試吃WAK WAK漢堡，另一半的女高中生先試吃MOG MOG漢堡。

新的問卷調查結果出爐

艾咪按照學長給的建議，讓8位女高中生試吃兩種漢堡進行比較，結果如下表5-1-1所示。每列的分數是同一位女高中生所打的分數。

表5-1-1　WAK WAK漢堡與MOG MOG漢堡的分數比較

女高中生	WAK WAK漢堡的分數	MOG MOG漢堡的分數
1	90	95
2	75	80
3	75	80
4	75	80
5	80	75
6	65	75
7	75	80
8	80	85
樣本平均數	76.88	81.25
樣本變異數	43.36	35.94

經過計算，WAK WAK漢堡的平均評分為76.88分，MOG MOG漢堡為81.25分；這次WAK WAK漢堡的評分只差了4.38分。

然而，在第4章「讓每位女高中生試吃一種漢堡」的評分中，WAK WAK漢堡的分數是76.88分，MOG MOG漢堡的分數是81.88分；WAK WAK漢堡的評價差了5.00分。

兩相比較之下，在本次調查中，WAK WAK漢堡和MOG MOG漢堡看起來似乎沒有什麼差別。

實際上是這樣嗎？讓我們從檢定的角度來看看。

5-2 「單一樣本」的意思

● 確認假設檢定的思考方式

當不同的人試吃WAK WAK漢堡和MOG MOG漢堡，並針對味道進行評價時，讓我們思考看看有什麼方法可以確定兩者之間是否存在有意義的差異（顯著差異）。

大家不妨回憶一下假設檢定的思考方式。其步驟如下。

1. 首先，建立「沒有差異」的虛無假設。

2. 計算適當的指標。

3. 計算該指標發生的機率。

4. 根據這個機率，決定要接受或拒絕虛無假設。
   - 接受虛無假設時，做出「不具有意義的差異（顯著差異）」的結論。
   - 拒絕虛無假設時，接受對立假設，做出「不能認為沒有差異，也就是存在有意義的差異（顯著差異）」的結論。

● 和前次的 t 檢定有什麼不同？

這次也是使用t檢定。但是，與上一章做的t檢定有些許不同（變得更簡單了！）。

之前做的t檢定，條件是「從兩個獨立的母體中抽出樣本」，換句話說，這個做法相當於「讓每位女高中生試吃其中一種漢堡」。進一步地說，就是從「試吃WAK WAK漢堡的女高中生的評分，和試吃MOG MOG漢堡的女高中生的評分，這兩個母體是獨立的」的角度來思考。

相較於之前的做法，這次做的t檢定，條件在於「從單一母體中抽出樣本」。這裡的單一母體是指「試吃WAK WAK漢堡和MOG MOG漢堡的女高中生，在評分上的差異」。換言之，試吃WAK WAK漢堡和MOG MOG漢堡的女高中生，分別對兩種漢堡進行評分，兩者的差距計算出來後，將其作為母體。

兩種t檢定的差別就在於此。

前面的t檢定稱為**成對樣本t檢定**，或者簡稱為**t檢定**。

這次的t檢定稱為**單一樣本t檢定**。

◑「成對」和「單一」的

我們可以透過下面的例子來理解。

在第4章的t檢定中，試吃WAK WAK漢堡的女高中生A的評分，減去試吃MOG MOG漢堡的女高中生B的評分，這個分數的差異是否具有意義呢？應該沒有吧。因為試吃的人不同，所以無法拿來直接比較，這種樣本我們就以「成對樣本」來表示。

然而，如果是按照本章的做法，讓女高中生A同時試吃WAK WAK漢堡和MOG MOG漢堡的話，這種分數上的差異就有其意義。因為是由同一個人試吃評分，應該可以拿來直接比較，這種樣本我們就以「單一樣本」來表示。

這就是「成對」和「單一」的意義。

那麼下一節就開始進行單一樣本的t檢定吧。

5-3 進行單一樣本的t檢定

● 單一樣本的 t 檢定的做法

下面開始進行「單一樣本的t檢定」。

用每位女高中生的WAK WAK漢堡評分,減去MOG MOG漢堡的評分,來計算兩種漢堡的「分數差」。

表5-3-1　WAK WAK 漢堡與 MOG MOG 漢堡的分數差

女子高生	WAK WAK漢堡的分數	MOG MOG漢堡的分數	分數差
1	90	95	-5
2	75	80	-5
3	75	80	-5
4	75	80	-5
5	80	75	5
6	65	75	-10
7	75	80	-5
8	80	85	-5
樣本平均數	76.88	81.25	-4.38
樣本變異數	43.36	35.94	15.23

分數差的平均值為−4.38,樣本變異數為15.23,這表示MOG MOG漢堡的分數只比WAK WAK漢堡多了4.38分。那麼,這個分數差到底算不算「有意義的差異」呢?讓我們進行檢定吧。

首先,我們需要考慮以下的指標t。

t＝平均數差÷差之標準誤差

標準誤差是用母體變異數除以樣本數,再取平方根計算出來。

差之標準誤差＝$\sqrt{母體變異數 \div 樣本數}$

這裡的母體變異數是以不偏變異數來估計，因此

差之標準誤差＝$\sqrt{不偏變異數 \div 樣本數}$

可是，不偏變異數是以平均偏差（與平均數的差）的平方和，除以（樣本數－1）計算出來，因此

　不偏變異數÷樣本數
＝平均偏差的平方和÷（樣本數－1）÷樣本數
＝平均偏差的平方和÷樣本數÷（樣本數－1）
＝樣本變異數÷（樣本數－1）

根據這個結果，公式改寫如下。

差之標準誤差＝$\sqrt{樣本變異數 \div （樣本數－1）}$

最終得到t的公式為

t＝平均數差÷$\sqrt{不偏變異數 \div 樣本數}$

或者

t＝平均數差÷$\sqrt{樣本變異數 \div （樣本數－1）}$

◐ 試著計算指標 t

下面就讓我們實際計算一下 t 值。以下數值是將小數點第三位四捨五入，實際使用 Excel 等軟體進行計算時，請按照最大精度來計算。

首先，平均數差為

平均數差 = −4.38

接著，計算差之標準誤差。

$$\textbf{差之標準誤差} = \sqrt{\textbf{樣本變異數} 15.23 \div (\textbf{樣本數} 8 - 1)}$$
$$= \sqrt{15.23 \div 7}$$
$$= 1.48$$

或者使用不偏變異數為 17.41（比樣本變異數 15.23 略大）來計算。

$$\textbf{差之標準誤差} = \sqrt{\textbf{不偏變異數} 17.41 \div \textbf{樣本數} 8}$$
$$= \sqrt{17.41 \div 8}$$
$$= 1.48$$

條件具備之後，t 值計算如下。

$$t = -4.38 \div 1.48 = -2.97$$

◐ 查詢 t 分布表

經過計算，t = −2.97。這個值發生的機率約為多少呢？

利用 Excel 計算指標 t

利用 Excel 計算指標 t 時，可以製作出如下表格。

	A	B	C	D
1	編號	WAK WAK漢堡 的分數	MOG MOG漢堡 的分數	差
2	1	90	95	-5
3	2	75	80	-5
4	3	75	80	-5
5	4	75	80	-5
6	5	80	75	5
7	6	65	75	-10
8	7	75	80	-5
9	8	80	85	-5
10	樣本數	8	8	8
11	樣本平均數	76.88	81.25	-4.38
12	樣本變異數	43.36	35.94	15.23
13	不偏變異數	49.55	41.07	17.41
14	差之標準誤差			1.48
15	t			-2.97

從左邊的儲存格開始，分別為
=VARP(B2:B9)
=VARP(C2:C9)
=VARP(D2:D9)

從左邊的儲存格開始，分別為
=VAR(B2:B9)
=VAR(C2:C9)
=VAR(D2:D9)

=D11/D14

=SQRT
(D12/(D10-1))
或者
=SQRT
(D13/D10)

※計算結果均將小數點第三位四捨五入。

・計算不偏變異數的函數

只要在 Excel 中使用 VARP 函數，就可以直接計算出樣本變異數。那麼，不偏變異數該如何計算呢？請大家放心，Excel 裡面也有計算不偏變異數的函數，不偏變異數可以使用 VAR 函數計算出來。

這裡也是使用我們熟悉的 t 分布表（下一頁的表 5-3-2）來查詢。自由度是平均數差的樣本數 8 減去 1，所以自由度為 7。

請看一下 t 分布表中自由度 7 的部分。在自由 7 中，顯著水準 5% 的 t 值為 2.365，顯著水準 1% 的 t 值為 3.499。

這裡將顯著水準設定為 5%。

表5-3-2　熟悉的t分布表

自由度	顯著水準5%	顯著水準1%
1	12.706	63.657
2	4.303	9.925
3	3.182	5.841
4	2.776	4.604
5	2.571	4.032
6	2.447	3.707
7	2.365	3.499
8	2.306	3.355
9	2.262	3.250
10	2.228	3.169
11	2.201	3.106
12	2.179	3.055
13	2.160	3.012
14	2.145	2.977
15	2.131	2.947
16	2.120	2.921
17	2.110	2.898
18	2.101	2.878
19	2.093	2.861
20	2.086	2.845
21	2.080	2.831
22	2.074	2.819
23	2.069	2.807
24	2.064	2.797
25	2.060	2.787
26	2.056	2.779
27	2.052	2.771
28	2.048	2.763
29	2.045	2.756
30	2.042	2.750
40	2.021	2.704
60	2.000	2.660
120	1.980	2.617
∞	1.960	2.576

第**5**章 — 希望調查得更詳細一些！ t檢定（單一樣本）

　　計算出來的t值為－2.97，小於－2.365，落入顯著水準5%的拒絕域，因此不拒絕虛無假設。從結論來看，這代表WAK WAK漢堡和MOG MOG漢堡的平均評分存在差異。

比較成對樣本和單一樣本

在單一樣本的t檢定中,我們對於這4.38分的差距做出「WAK WAK漢堡與MOG MOG漢堡的平均評分存在差異」的結論。

然而,在第4章進行的成對樣本的t檢定,雖然兩種漢堡存在5.00分的差距,結論卻是「沒有差異」。

為什麼會出現這樣的結果?

這是因為,單一樣本的t檢定,資料是來自同一個人,因此差之標準誤差相對較小。另一方面,成對樣本的t檢定,資料是來自不同的人之間,個人差異較大,導致差之標準誤差也相對較大。

標準誤差愈小,信賴區間的寬度愈狹窄,這意味著能更確實地估計出真正的值。

因此,單一樣本的t檢定發現顯著差異的檢定力會來得比較大。

這就是單一樣本的t檢定與成對樣本的t檢定相比,明明樣本差異較小,卻能發現「顯著差異」的原因。

● 店長幹勁十足

只要使用更詳細的調查方法，就有可能出現顯著差異；艾咪雖對自己的調查結果感到吃驚，但仍如實向店長報告。

 店長，那個，我有一件難以啟齒的事要向您報告……。

 咦，什麼事？莫非又有客人在抱怨哪些部分？

 不不，不是這樣的。就是關於上次的問卷調查，我後來又試著深入調查一下。

 嗯嗯，然後呢。

 我這次隨機抽出8位女高中生，讓她們試吃兩種漢堡後進行評分。結果計算平均分數後，我發現MOG MOG漢堡的平均分數比WAK WAK漢堡還要多4.38分……。

 咦？這不是比上次的5.00分還要少嗎？所以有什麼問題？

 這次進行的是單一樣本的t檢定，最終得出的結論為，在5%的顯著水準之下，這個平均數確實存在著差異。我只能說這個結果非常遺憾……。

聽見艾咪這句話的店長頓時陷入一片沉默，難不成是知道在女高中生心目中的評價比不上MOG MOG漢堡而深受打擊嗎？然而，店長此時卻突然大聲做出宣言。

 對！我就是想聽到這種明確的結果！很好，這樣的話就要針對味道做出改善！等著瞧吧，女高中生！

艾咪總覺得店長似乎有點過於拘泥於女高中生的人氣，但看到店長挽起袖子幹勁十足的真誠模樣，她的心裡也開始覺得這種認真工作的生活方式或許也很不錯。

P O I N T

單一樣本的 t 檢定步驟整理

❶ 建立虛無假設。

「WAK WAK 漢堡（全體）和 MOG MOG 漢堡（全體）的美味度評分沒有差異」

❷ 建立否定虛無假設的對立假設。

「WAK WAK 漢堡（全體）和 MOG MOG 漢堡（全體）的美味度評分存在差異」

❸ 決定顯著水準。

通常嚴謹一點會採用 1%，稍微寬鬆一點就採用 5%

❹ 使用取得的樣本計算指標 t。

$$t = 平均數差 \div \sqrt{不偏變異數 \div 樣本數}$$

或

$$t = 平均數差 \div \sqrt{樣本變異數 \div (樣本數 1)}$$

❺ 根據樣本數計算自由度。

自由度＝差之樣本數－1

❻ 觀察 t 分布表中對應自由度的部分，判斷計算的 t 值是否落入拒絕域，以決定應該拒絕或接受虛無假設。

・如果 t 沒有落入拒絕域，就接受虛無假設

・如果 t 落入拒絕域，就拒絕虛無假設，接受對立假設

❼ 下結論。

・接受虛無假設的情況下，「WAK WAK 漢堡（全體）和 MOG MOG 漢堡（全體）的美味度評分沒有差異」

・接受對立假設的情況下，「WAK WAK 漢堡（全體）和 MOG MOG 漢堡（全體）的美味度評分存在差異」

第 **5** 章 ─ 希望調查得更詳細一些！ t 檢定（單一樣本）

任何事物都能數值化嗎？

在第5章中，我們是以100分為滿分，針對WAK WAK漢堡和MOG MOG漢堡的美味程度進行評分。然而，這種評分方式說到底只是為了便宜行事。

舉例來說，和100分的評價相比，50分的評價應該也有「一半」的美味程度，但實際上卻並非如此。此外，70分和80分的美味度差異，與80分和90分的美味度差異，應該同樣都是「10分的差異」，但這也未必就是如此。我們頂多只能按照90分、80分和70分這個順序，來判斷漢堡的美味程度。

如果單位是長度的話，10公分是5公分的兩倍；如果單位是重量的話，70公克和80公克相差了10公克，等同80公克和90公克的差別。像長度或重量這種可以進行乘法和除法計算的資料（也就是確定從零開始的資料），稱為比例尺度（或比率尺度）。另外，雖然無法進行乘法和除法計算，但能進行加法和減法計算，這類資料（也就是間隔固定的資料）就稱為等距尺度。在物理的領域中，大多都是比例尺度和等距尺度。

●為了便宜行事，作為比例尺度或等距尺度來使用

可是，利用問卷調查來取得人類的感覺或心理，這樣的資料並不像長度或重量那般嚴謹，大部分的資料頂多只能幫助我們瞭解順序而已。像這類具有順序的資料，稱為順序尺度。此外，不具備順序關係，只能單純進行區分，比如性別、血型等，像這樣的資料就稱為名目尺度。在心理的領域中，大多都是順序尺度或名目尺度。

順序尺度和名目尺度本來就不能進行加減乘除的計算，因此也無法計算出平均值，可是這麼一來會造成使用上的不便。即便是漢堡的美味程度這樣的心理量，我們也可以透過分數進行評價，為了方便而將其視為比例尺度或等距尺度這類較高等的尺度來使用。

問題 某小學為了教授數學的分數計算,於是發明利用漫畫的全新授課方式。校方想確認這種教學方式究竟有沒有效果,前面曾對分別使用新舊教學方法進行授課的兩個班級進行考試,結果發現兩個班級在5%的顯著水準之下,平均分數之間並沒有顯著差異。

這次只針對柳班這一班的18名學生進行下列兩種考試。剛教完分數計算後便進行考試(事前測試),之後利用漫畫教授分數計算,授課結束後再進行一次考試(事後測試)。

考試的分數資料(滿分為10分)如下表所示,請試著以單一樣本的t檢定進行分析。

● 柳班18人的分數

事前測試	9	8	10	7	5	9	10	10	8	10	10	6	8	9	10	9	10	9
事後測試	9	9	10	7	6	10	10	9	8	10	7	8	10	10	10	10	10	10

① 請說出這個檢定的虛無假設。

② 請說出這個檢定的對立假設。

③ 試求t值(小數點第三位四捨五入)。

④ 在1%的顯著水準之下,請寫出根據t值得出的結論。

⑤ 請用簡單易懂的方式說明以上的檢定結果。

答案在 ➡ P.166

出現第三家
競爭對手

變異數分析（單因子）

（本章學習的內容）

● 變異數分析的思考方式

● 變異數分析表

● F分布

艾咪看到店長認真的一面，開始有那麼一絲絲（！）對店長刮目相看了，但她今天到店裡打工的時候，又看到店長像往常一樣弄得大家雞犬不寧。咦，增加了新的競爭對手，這件事是真的嗎？

◑ 三足鼎立的薯條霸主爭奪戰

　　店長一看到艾咪出現，就飛也似地衝上前去。

 不得了啦～！

 店、店長您怎麼了!?

 事情大條啦，PAK PAK出現了！

 啊？(在說什麼東西啊) 什麼是PAK PAK？

 就是PAK PAK漢堡店啦。在本店和MOG MOG漢堡之間，又冒出一家名叫PAK PAK的漢堡店！光要對付MOG MOG漢堡就已經讓我一個頭兩個大了，這下子該怎麼辦……。

　　由於PAK PAK漢堡這個新的競爭對手出現，使得店長又開始變得有點灰心喪志。

 艾咪，妳可以再用上次那個統計學幫忙調查一下嗎？薯條可是本店的招牌商品，所以妳能不能姑且做個t檢定什麼的，調查一下三家薯條中哪一家的最好吃！

 您說的上次那個統計學是……算了，我猜應該也可以做到吧，我這就去調查一下。

已經對此習以為常的艾咪，一派輕鬆地接受店長的提議，當然這件事也照例去麻煩海老原學長幫忙。

 利用 t 檢定調查三家薯條是否存在差異……嗎？

嗯，那種事做不到啦。

 咦，您說做不到……怎麼會……。

艾咪根據之前的經驗，自以為統計學無所不能，卻在聽到這句話後頓時啞口無言。

無法使用 t 檢定的原因

 不是啦，妳誤會我的意思了，我是指 t 檢定做不到。t 檢定分析的是兩個樣本之間的平均數差，若樣本超過三個的時候，我們就不能使用 t 檢定。這次的母體有 WAK WAK、MOG MOG、PAK PAK 三家吧。

 咦？我以為只要針對 WAK WAK 和 MOG MOG、MOG MOG 和 PAK PAK、WAK WAK 和 PAK PAK 這三種組合進行 t 檢定就可以了欸。

 妳誤會了，不能這麼做啦。

「不能使用 t 檢定」是什麼意思呢？在進入 t 檢定的話題之前，先讓我們討論一下擲硬幣的問題。

　　「擲一次硬幣，出現正面的機率是多少？」

應該很簡單吧，答案是 $\frac{1}{2}$（0.5）。

　　「那麼，擲兩次硬幣，至少出現一次正面的機率是多少？」

「至少出現一次正面」的事件，恰恰與「全部出現反面」的事件相反。

　　・至少出現一次正面＝（正，正）（正，反）（反，正）
　　・全部出現反面　　＝（反，反）

　　換言之，「至少出現一次正面」的機率，等於所有事件（機率為 1）減去兩次都出現反面的機率。

第2次出現反面的機率

$$1 - \left(\frac{1}{2} \times \frac{1}{2} \right) = 1 - 0.25 = 0.75$$

第1次出現反面的機率

也就是說，擲兩次硬幣，至少有一次出現正面的機率為 0.75，這比只擲一次硬幣的機率 0.5 要來得高。

「那麼，擲兩次骰子，至少有一次出現 3 點的機率是多少？」

這個機率是以所有事件（機率為 1）減去兩次都出現 3 以外的點數計算而來。

第2次出現3以外點數的機率

$$1 - \left(\frac{5}{6} \times \frac{5}{6} \right) = 1 - (0.83 \times 0.83) = 1 - 0.69 = 0.31$$

第1次出現3以外點數的機率

也就是說，擲兩次骰子，至少有一次出現 3 點的機率是 0.31，這比只擲一次骰子的機率（$\frac{1}{6} = 0.17$）要來得高。

由此可見，只要不斷重複做同樣的事情，特定事件發生的機率就會變得比較高。

⊙ t檢定的問題點

接著要來討論t檢定。

當有A、B、C三個樣本時，針對A和B、B和C、A和C這三種情況進行t檢定的話，我們知道「至少有一種組合出現差異的機率」，是用1減去「三種組合都沒有差異的機率」。

在各種組合中，「沒有差異的機率」是全體的機率（1）減去出現差異的機率。這裡假設出現差異的機率為5%（0.05），因此，沒有差異的機率就是$1-0.05$。

這樣一來，「至少一種組合出現差異的機率」，計算方式如下。

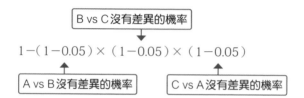

經過計算，結果為

$$1-(0.95 \times 0.95 \times 0.95)$$
$$= 1-0.857$$
$$= 0.143$$

「至少有一種組合出現差異的機率」為0.143，與只有比較一次的機率（0.05）相比，出現差異的機率更高。我們可以看出，與0.05相比，機率增加了近3倍。

換句話說，隨著比較次數的增加，實際上沒有差異卻被視為存在差異的機率也會跟著增加。

這就是t檢定為何不能用於檢定三個以上樣本之間的差異的原因。

6-2 理解變異數分析

首先從準備資料開始

由於這裡不能使用 t 檢定，因此必須考慮其他的檢定方法，這個時候就要使用名為變異數分析的方法。

在說明變異數分析之前，第一步是準備資料。

我們分別取得 WAK WAK、MOG MOG、PAK PAK 漢堡的薯條各 20 份，在車站請 60 位路人隨機試吃其中一種薯條。以 100 分為滿分，針對薯條的美味程度進行評分。

表 6-2-1 為每家漢堡店的薯條評價資料。

表 6-2-1　請 60 位路人評價薯條的結果

WAK WAK	MOG MOG	PAK PAK
80	75	80
75	70	80
80	80	80
90	85	90
95	90	95
80	75	85
80	85	95
85	80	90
85	80	85
80	75	90
90	80	95
80	75	85
75	70	98
90	85	95
85	80	85
85	75	85
90	80	90
90	80	90
85	90	85
80	80	85

計算每家店的平均數和標準差，如下所示。

- ・WAK WAK　　**樣本平均數**：84.00　　**標準差**：5.39
- ・MOG MOG　　**樣本平均數**：79.50　　**標準差**：5.45
- ・PAK PAK　　**樣本平均數**：88.15　　**標準差**：5.34
- ・三店全體　　**樣本平均數**：83.88　　**標準差**：6.45

每家店的標準差皆相差不多，平均評分依序為PAK PAK（88.15）、WAK WAK（84.00）、MOG MOG（79.50）；另外，總平均數為83.88。

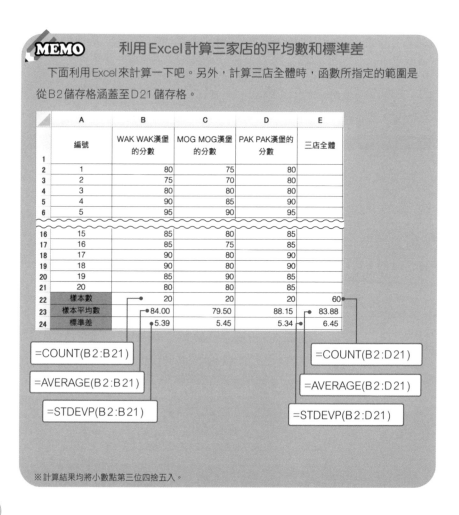

MEMO　　利用Excel計算三家店的平均數和標準差

下面利用Excel來計算一下吧。另外，計算三店全體時，函數所指定的範圍是從B2儲存格涵蓋至D21儲存格。

	A	B	C	D	E
1	編號	WAK WAK漢堡的分數	MOG MOG漢堡的分數	PAK PAK漢堡的分數	三店全體
2	1	80	75	80	
3	2	75	70	80	
4	3	80	80	80	
5	4	90	85	90	
6	5	95	90	95	
16	15	85	80	85	
17	16	85	75	85	
18	17	90	80	90	
19	18	90	80	90	
20	19	85	90	85	
21	20	80	80	85	
22	樣本數	20	20	20	60
23	樣本平均數	84.00	79.50	88.15	83.88
24	標準差	5.39	5.45	5.34	6.45

=COUNT(B2:B21)

=AVERAGE(B2:B21)

=STDEVP(B2:B21)

=COUNT(B2:D21)

=AVERAGE(B2:D21)

=STDEVP(B2:D21)

※計算結果均將小數點第三位四捨五入。

◗ 建立虛無假設、對立假設

好了，蒐集到各個平均數之後，接下來讓我們開始思考三個以上平均數差的檢定方法。

首先從建立虛無假設開始出發。

虛無假設是「三家店的薯條評價（母體）的平均數沒有差異」。

更確切地說，就是「三家店的薯條評價（母體）的平均數，無論任何組合都沒有差異」。

這樣的話，對立假設就是「三家店的薯條評價（母體）的平均數中，至少有一種組合存在差異」。

這裡要注意的是，對立假設並非「所有組合都存在差異」，而是「至少有一種組合存在差異」。當然，「所有組合都存在差異」的情況也包括在其中。

◗ 分析變異數，因此命名「變異數分析」

下面介紹變異數分析的思考方式。

三家漢堡店現在的評價資料如圖6-2-2所示（分布形狀為隨意描繪）。

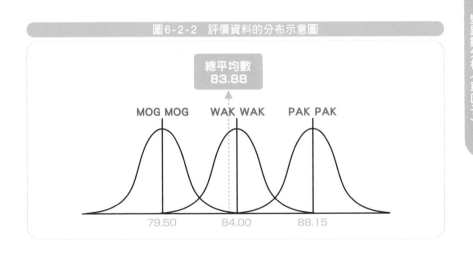

圖6-2-2 評價資料的分布示意圖

總平均數 83.88

MOG MOG　WAK WAK　PAK PAK

79.50　　84.00　　88.15

讓我們思考一下MOG MOG內的一組資料。在下圖6-2-3中，這組資料以●來表示。它與總平均數有著如箭頭長度的偏差。

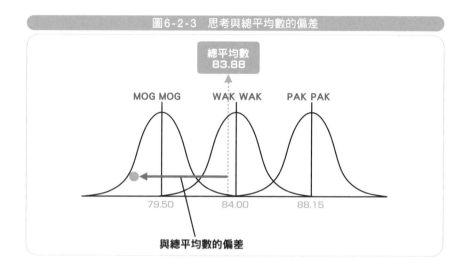

圖6-2-3　思考與總平均數的偏差

再經過仔細地觀察，這個與總平均數的偏差，還可以分解為「總平均數與MOG MOG平均數的偏差」和「與MOG MOG平均數的偏差」。如下圖6-2-4所示。

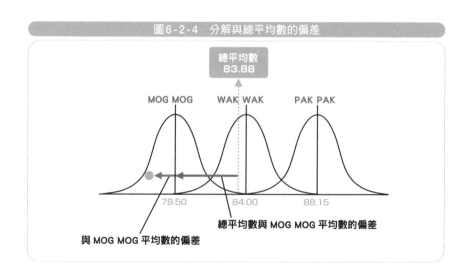

圖6-2-4　分解與總平均數的偏差

讓我們思考一下，這裡的「總平均數與MOG MOG平均數的偏差」代表什麼呢？它是指各組（各樣本組）偏離總平均數多少程度的意思，我們稱之為組間偏差。

另一方面，「與MOG MOG平均數的偏差」代表的是組（樣本組）內各個資料偏離平均數的程度，我們稱之為組內偏差。

如此看來，所有的資料與總平均數的偏差，都能夠分解為組間偏差和組內偏差。

換句話說，所有的資料

與總平均數的偏差＝組間偏差＋組內偏差

因此這個公式成立。

比較組間偏差和組內偏差

組間偏差是用來表示樣本組之間的差異，這個值愈大，就意味著各組平均數的差異愈大。

另一方面，組內偏差為相同樣本組內的分散程度，因此可以將其視為「誤差」或「個體差異」。

如果組間偏差大於組內偏差的話，由於樣本組間的差異大於樣本組內的差異，因此拒絕虛無假設「母體平均數沒有差異」。

反之，如果組間偏差小於組內偏差的話，由於樣本組間的差異小於樣本組內的差異，因此接受虛無假設「母體平均數沒有差異」。

這就是變異數分析的思考方式。

6-3 挑戰變異數分析

進行變異數分析的計算

本節就讓我們使用實際資料來進行變異數分析的計算吧。因為計算十分複雜，這裡會搭配Excel的畫面（圖6-3-1）一起說明。

圖6-3-1　使用Excel計算

	A	B	C	D	E
1	編號	WAK WAK漢堡的分數	MOG MOG漢堡的分數	PAK PAK漢堡的分數	三店全體
2	1	80	75	80	
3	2	75	70	80	
4	3	80	80	80	
5	4	90	85	90	
6	5	95	90	95	
7	6	80	75	85	
8	7	80	85	95	
9	8	85	80	90	
10	9	85	80	85	
11	10	80	75	90	
12	11	90	80	95	
13	12	80	75	85	
14	13	75	70	98	
15	14	90	85	95	
16	15	85	80	85	
17	16	85	75	85	
18	17	90	80	90	
19	18	90	80	90	
20	19	85	90	85	
21	20	80	80	85	
22	樣本數	20	20	20	60
23	樣本平均數	84.00	79.50	88.15	83.88
24	標準差	5.39	5.45	5.34	6.45

計算偏差平方和

第一步先計算出全體偏差、組間偏差、組內偏差。

前面所說的「偏差」，是將各項資料與平均數的差經過平方計算後加總而來。這部分已經在計算變異數的時候做過了。我們將其稱為偏差平方和、離均差平方和，或簡稱平方和。

下面就讓我們計算總平方和、組間平方和、組內平方和吧。

利用 Excel 計算平方和時，首先計算出樣本變異數（＝VARP），再乘以樣本數，能得到平方和。因為平方和除以樣本數就能計算出樣本變異數。

圖6-3-2　計算總平方和、組內平方和

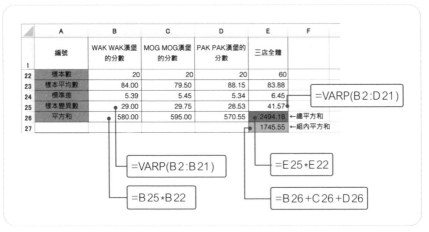

總平方和為 2494.18。另外，組內平方和為各組平方和的總和，也就是 $580.00 + 595.00 + 570.55 = 1745.55$。

計算組間平方和

總平方和及組內平方和已經計算出來了，接下來要計算組間平方和。組間平方和是用各組的組內平均數減去總平均數的平方，再乘以各組樣本數，最後加總起來。

以WAK WAK為例，組間平方為

（組內平均數84.00－總平均數83.88）^{2}×樣本數20

利用Excel計算組間平方和，結果如圖6-3-3所示。

圖6-3-3　計算組間平方和

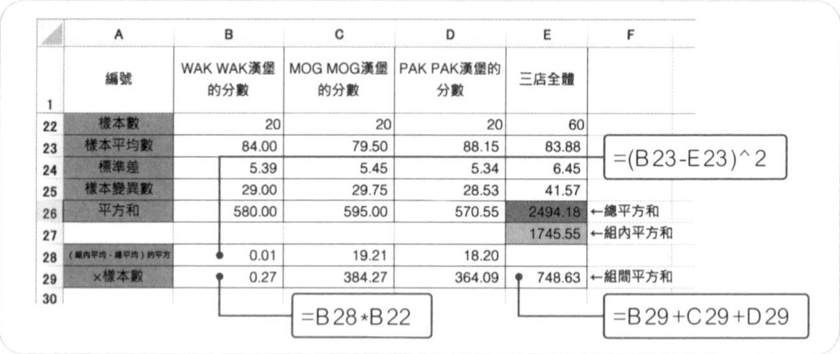

	A	B	C	D	E	F
1	編號	WAK WAK漢堡的分數	MOG MOG漢堡的分數	PAK PAK漢堡的分數	三店全體	
22	樣本數	20	20	20	60	
23	樣本平均數	84.00	79.50	88.15	83.88	=(B23-E23)^2
24	標準差	5.39	5.45	5.34	6.45	
25	樣本變異數	29.00	29.75	28.53	41.57	
26	平方和	580.00	595.00	570.55	2494.18	←總平方和
27					1745.55	←組內平方和
28	(組內平均－總平均) 的平方	0.01	19.21	18.20		
29	×樣本數	0.27	384.27	364.09	748.63	←組間平方和
30						

=B28*B22　　=B29+C29+D29

這樣一來，所有的平方和都計算出來了。經過仔細檢視後，我們可以看出

總平方和＝組內平方和＋組間平方和
2494.18 = 1745.55 + 748.63

製作變異數分析表

進行變異數分析時，製作出變異數分析表就能一目瞭然。變異數分析表的格式如表6-3-4所示。

表6-3-4　變異數分析表

來源	平方和	自由度	均方和	F
群間				
組內				
全體				

將計算出來的數值一一填入這張表格中。首先填入組間平方和、組內平方和、總平方和（表6-3-5）。

表6-3-5　填入平方和的資料

來源	平方和	自由度	均方和	F
群間	748.63			
組內	1745.55			
全體	2494.18			

再來填入自由度。自由度的計算方式如下。

組間自由度＝組數－1

組內自由度
＝（組1的樣本數－1）＋（組2的樣本數－1）＋（組3的樣本數－1）

總自由度＝各組資料的樣本數總和－1

將這次的數值代入，得到

組間自由度＝3－1＝2

組內自由度＝（20－1）＋（20－1）＋（20－1）＝57

總自由度＝60－1＝59

將結果填入表6-3-6。

表6-3-6　填入自由度的資料

要因	平方和	自由度	均方和	F
群間	748.63	2		
群	1745.55	57		
全体	2494.18	59		

接下來計算均方和，計算方式是將平方和除以自由度（表6-3-7）。

組間均方和 $= 748.63 \div 2 = 374.32$

組內均方和 $= 1745.55 \div 57 = 30.62$

表6-3-7　填入均方和的資料

來源	平方和	自由度	均方和	F
組間	748.63	2	374.32	
組內	1745.55	57	30.62	
全體	2494.18	59		

最後計算F值。計算方式是將組間均方和除以組內均方和（表6-3-8）。

$$F = 374.32 \div 30.62 = 12.22$$

表6-3-8　填入F值

來源	平方和	自由度	均方和	F
組間	748.63	2	374.32	12.22
組內	1745.55	57	30.62	
全體	2494.18	59		

這樣一來變異數分析表就完成了。

查詢 F 分布表

之前在進行卡方檢定的時候，我們曾利用「卡方分布表」進行查詢；另外，在進行t檢定的時候，查詢的是「t分布表」。

在變異數分析中，我們會利用**F分布表**來查詢拒絕域。5%顯著水準的F分布表，如表6-3-9所示。

表6-3-9　5%顯著水準的F分布表

組內自由度	組間自由度				
	1	2	3	4	5
10	4.96	4.10	3.71	3.48	3.33
20	4.35	3.49	3.10	2.87	2.71
30	4.17	3.32	2.92	2.69	2.53
40	4.08	3.23	2.84	2.61	2.45
50	4.03	3.18	2.79	2.56	2.40
60	4.00	3.15	2.76	2.53	2.37
70	3.98	3.13	2.74	2.50	2.35
80	3.96	3.11	2.72	2.49	2.33
90	3.95	3.10	2.71	2.47	2.32
100	3.94	3.09	2.70	2.46	2.31
200	3.89	3.04	2.65	2.42	2.26
300	3.87	3.03	2.63	2.40	2.24

卡方分布表和t分布表都只有一個自由度，而F分布表有兩個自由度。這是因為組內自由度和組間自由度都必須指定。

這次的組內自由度為57，所以使用最接近的自由度60；另外，組間自由度為2，所以使用自由度2。

經過查詢後，我們可以得知，在5%的顯著水準下，F = 3.15即為拒絕域的界限。

剛才計算出來的F值為12.22，大於3.15，在5%的顯著水準下，落入拒絕域。因此拒絕虛無假設「三家店的薯條平均評分沒有差異」。

也就是說，「三家店的薯條平均評分，至少有一種組合存在差異」。

儘管不知道哪個和哪個之間存在差異，但可以確定至少有一種組合之間存在差異。

● 若採用1%顯著水準的話

那麼，當顯著水準設為1%時，又會出現什麼結果呢？下一頁的表6-3-10是1%顯著水準的F分布表。

經過查詢後，我們可以得知，在1%的顯著水準下，F = 4.98即為拒絕域的界限。因此，即便採用1%的顯著水準，虛無假設「三家店的薯條平均評分沒有差異」也遭到拒絕。換句話說，「三家店的薯條平均評分，至少有一種組合存在差異」。

表6-3-10 1%顯著水準的F分布表

組內自由度	組間自由度				
	1	2	3	4	5
10	10.04	7.56	6.55	5.99	5.64
20	8.10	5.85	4.94	4.43	4.10
30	7.56	5.39	4.51	4.02	3.70
40	7.31	5.18	4.31	3.83	3.51
50	7.17	5.06	4.20	3.72	3.41
60	7.08	4.98	4.13	3.65	3.34
70	7.01	4.92	4.07	3.60	3.29
80	6.96	4.88	4.04	3.56	3.26
90	6.93	4.85	4.01	3.53	3.23
100	6.90	4.82	3.98	3.51	3.21
200	6.76	4.71	3.88	3.41	3.11
300	6.72	4.68	3.85	3.38	3.08

 顯著水準無論是5%或1%，得到的結論都是「三家店的薯條平均評分，至少有一種組合存在差異」。可是學長，我們應該要怎麼做才能知道是哪一種組合有差異呢？

 我想想喔。若想更進一步調查，可以採用多重比較法。多重比較法有好幾種做法，現在沒有時間多做說明，下次有機會的話再介紹吧。總之，我們還是先徹底瞭解變異數分析比較實在。

●── 店長使出渾身解數推出的新菜單!?

艾咪經過久違的複雜計算後，腦袋感到有點疲勞，她動身前往打工的漢堡店，準備姑且向店長報告「三家店的薯條平均評分，至少有一種組合存在差異」的結論。

然而，今天卻完全找不到和店長說話的機會，看來他正心無旁騖地準備這次的新菜單。店長最近已有一段時間為了開發新菜單而廢寢忘食，不曉得他到底會做出什麼樣的商品？

P O I N T

❶ 建立虛無假設。

「三家店的薯條評價（母體）的平均數沒有差異」

❷ 建立否定虛無假設的對立假設。

「三家店的薯條評價（母體）的平均數，至少有一種組合存在差異」

❸ 決定顯著水準。

通常嚴謹一點會採用1%，稍微寬鬆一點就採用5%。

❹ 使用取得的樣本，計算總平方和、組間平方和、組內平方和。

❺ 製作變異數分析表，計算自由度和均方和。

組間自由度＝組數－1

組內自由度＝（組1的樣本數）＋（組2的樣本數1）

　　　　　＋（組3的樣本數－1）

總自由度＝各組資料的樣本數總和－1

均方和＝平方和÷自由度

❻ 計算指標F。

F＝組間的均方和÷組內的均方和

❼ 根據F分布表查詢符合的自由度，判斷計算出來的F值是否落入拒絕域，以決定要接受或拒絕虛無假設。

・如果F沒有落入拒絕域，就接受虛無假設

・如果F落入拒絕域，就拒絕虛無假設，接受對立假設

❽ 下結論。

・接受虛無假設時，「三家店的薯條評價（母體）的平均數沒有差異」

・接受對立假設時，「三家店的薯條評價（母體）的平均數，至少有一種組合存在差異」

第 **6** 章 ｜ 出現第三家競爭對手　變異數分析（單因子）

難道不能使用軟體一次計算出來嗎？

目前為止我們已經使用過 Excel 的公式和函數進行各種計算。Excel 中還準備了許多統計學所使用的函數，但本書盡量不使用函數，而是先用單純的公式組合來計算。唯有透過這種方式，才能讓大家更充分地理解統計的計算機制及其含義。

不過，到了下一章的雙因子變異數分析時，計算量會突然一口氣暴增。本書雖然沒有介紹，但三因子以上的變異數分析會用到大量的計算，就算使用 Excel 來處理，也可能會相當麻煩。

實際上，以 Excel 的增益集為代表，有些功能可以透過網頁協助我們進行計算，市面上也有各式各樣付費或免費的統計軟體可供選擇。只要使用這些軟體，要計算統計數值一點也不困難。

●即便使用軟體計算，觀念仍非常重要

儘管如此，徹底掌握統計觀念仍是相當重要的一件事。統計軟體能幫助我們自動進行計算，但統計軟體並不會主動告訴我們使用方法有誤（比如對三個以上的平均值反覆進行 t 檢定等），同時，它也不會解釋計算出來的數值有何意義。作為統計軟體的使用者，必須在瞭解統計方法的機制、計算結果的解釋方法等前提下使用統計軟體。

問題　某小學為了教授數學的分數計算，於是開發使用漫畫內容的全新教材。然而，該教材的教學效果，與過去的教材相比，並沒有明顯的差異。因此這次再針對漫畫和教材重新設計，開發出新的漫畫教材。

為了調查教材的效果，對某個班級用傳統教材進行教學（對照組），對另一個班級用舊的漫畫教材進行教學（舊漫畫組），另一個班級則用新的漫畫教材進行教學（新漫畫組）。隔天對三個班級舉辦分數計算的考試。

考試的分數資料（滿分為10分）如下表所示，請針對考試結果進行變異數分析。

●對照組：
6,5,7,6,8,4,6,5,8,4,5,6,5,4,5
● 舊漫畫組：
5,6,9,7,7,6,8,5,6,9,5,4,7,6
●新漫畫組：
6,8,9,6,8,6,9,7,6,5,9,6,10,8,9,6

---

①計算三個組的平均數和標準差（小數點第三位四捨五入）。

②請說出這個檢定的虛無假設。

③請說出這個檢定的對立假設。

④製作變異數分析表（小數點第三位四捨五入）。

⑤在1%的顯著水準之下，請寫出根據變異數分析表得出的結論。

⑥請用簡單易懂的方式說明以上的檢定結果。

答案在➡ P.166

靠新菜單拉開差距

變異數分析（雙因子）

（本章學習的內容）

- 雙因子的變異數分析
- 因子和水準
- 主要效果
- 交互作用

7-1 雙因子的處理

為了追趕和超越競爭對手，店長不斷致力於新菜單的開發。那個味道比較好？還是這個味道比較好？又或者在那個味道上添加這個味道……店長每天不停地反覆測試。唔——，到底什麼是決定性的因素呢？請統計學告訴我們！

◑ 此時正是一決勝負的時刻！但要推出哪種口味？

今天店長也在漢堡店的一級戰區努力奮戰著。為了打敗新加入戰局的PAK PAK漢堡，店長更是卯足全力。

艾咪，妳能幫我看一下這個新菜色怎麼樣嗎？我想用這個菜色和PAK PAK漢堡一口氣拉開差距！

艾咪被店長叫來看看他所開發的新菜色，分別有「脆皮炸雞」和「辣味炸雞」。

喔～店長真厲害，竟然開發出兩種新菜色！

所以，我有件事想和妳商量一下……。

嗯？又要叫我用統計學調查什麼事了吧，不用等到您開口，我早就猜到了。

 說實話，我也在思考是否要將脆皮炸雞和辣味炸雞組合在一起。變成辣味脆皮炸雞的組合比較好呢？還是分別做成脆皮炸雞和辣味炸雞兩種商品比較好？艾咪妳能夠幫我調查一下嗎？（小聲）我會幫妳加薪的。

　　不知道是否最後那句話發揮了效果，還是艾咪的求知慾驅使她動起來，她心想既然已經騎虎難下，不如趁這個機會徹底學會統計學。艾咪平時都會向海老原學長請教，但這次她決定靠自己一個人的力量來解決問題。她到了圖書館，找到一本看似簡單易懂的統計學書籍，開始進行各種調查。

 實在不好意思每次都麻煩海老原學長。我看看，這本名叫《輕鬆學超有趣的統計學！》的書，裡頭提到了像這次這種情況，要使用雙因子的變異數分析⋯⋯。

● 因子和水準

艾咪所說的雙因子變異數分析到底是什麼呢？

首先，將可能對觀測資料造成影響的原因稱為**因子**。就目前的情況來看，脆皮或原皮這類「口感」，會對顧客的喜好造成影響，因此可以視為因子。

此外，因子中的條件差異稱為**水準**。這裡是口感為脆皮或原皮的意思。從表格來看，如表7-1-1所示。

表7-1-1　以口感作為因子的水準		
因子	水準1	水準2
口感	脆皮	原皮

另外，從同樣的角度來思考，辣味或原味的「調味」也是因子。

這個因子的水準為辣味或原味。下表7-1-2針對調味進行整理。

表7-1-2　以調味作為因子的水準		
因子	水準1	水準2
調味	辣味	原味

換句話說，這表示有兩個因子。每個因子都有兩個水準，如表7-1-3所示，共有四種炸雞的組合。

表7-1-3　根據因子思考出四種炸雞				
口感因子	脆皮		原皮	
調味因子	辣味	原味	辣味	原味
種類（條件）	脆皮辣味	脆皮原味	原皮辣味	原皮原味

話說回來，上一章的因子為店鋪的差異，水準則有WAK WAK、MOG MOG、PAK PAK這三種。如表7-1-4所示。

表7-1-4　根據因子思考出來的四種炸雞			
因子	水準1	水準2	水準3
店鋪的差異	WAK WAK	MOG MOG	PAK PAK

此稱為**單因子變異數分析**，因為因子只有一個。這次的變異數分析是**雙因子變異數分析**，如現在所看到的，因子有兩個。

◗ 蒐集資料

這次是將四種炸雞分別製作出15個，請60名路人試吃，讓他們針對美味程度進行評分（滿分100分）。資料如表7-1-5所示。

表7-1-5　根據因子思考出來的四種炸雞

脆皮		原皮	
辣味	原味	辣味	原味
65	65	70	70
85	70	65	70
75	80	85	85
85	75	80	80
75	70	75	65
80	60	65	75
90	65	75	65
75	70	60	85
85	85	85	80
65	60	65	60
75	65	75	70
85	75	70	75
80	70	65	70
85	80	80	80
90	75	75	85

計算各自的平均數和標準差，如表7-1-6所示。

表7-1-6　根據因子思考出來的四種炸雞

口感因子	脆皮		原皮	
調味因子	辣味	原味	辣味	原味
樣本數	15	15	15	15
樣本平均數	79.67	71.00	72.67	74.33
標準差	7.63	7.12	7.50	7.72

● 偏差的分解

在上一章進行單因子變異數分析時，我們曾經對偏差進行分解，如圖 7-1-7 所示。

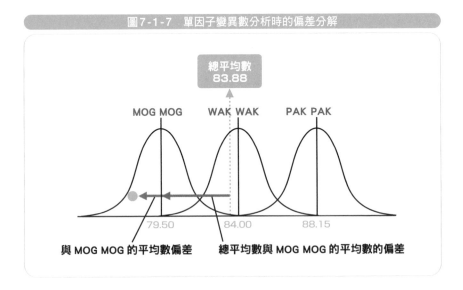

圖7-1-7 單因子變異數分析時的偏差分解

按照這樣的思考方式，將與總平均數的偏差，分解為組間偏差以及組內偏差。

與總平均數的偏差＝組間偏差＋組內偏差

這次的因子有兩個，所以情況有點複雜。

因子有兩個，一是口感因子（脆皮或原皮）造成的偏差，二是調味因子（辣味或原味）造成的偏差。

與總平均數的偏差＝
口感因子造成的偏差＋調味因子造成的偏差＋殘餘偏差（殘差）

殘餘的偏差稱為殘差，它相當於單因子變異數分析中的「組內偏差」。

另外，單因子的單獨效果稱為**主要效果**。這裡有口感因子造成的主要效果，和調味因子造成的主要效果兩個主要效果。

● 考慮交互作用

只有這三個偏差就可以了嗎？

不，這樣還不夠。這只是因為碰巧無論口感（脆皮或原皮）如何，只要調味因子造成的偏差固定不變，就適用這個公式。然而，很多時候並非如此。

換言之，還需要考慮「口感和調味這兩種因子組合在一起時所造成的偏差」。雖然有些難以理解，但請以這樣的方式來思考。

- 「無論外皮是脆皮還是原皮，只要調味採用辣味，就會產生一定的效果」，如果是這樣的話，只要看主要效果造成的偏差即可。

- 然而，大多數情況下並非如此。

- 舉例來說，如果採用脆皮並調味成辣味的話，會帶來很大的效果，但如果採用原皮並調味成辣味的話，能帶來的效果並不大。

- 換言之，效果會根據口感因子和調味因子組合的不同而產生變化。

- 因此，必須將因子組合所造成的偏差考慮進來。

將組合造成的偏差放入公式中，結果如下。

與總平均數的偏差＝

　　口感因子造成的偏差＋調味因子造成的偏差＋

　　感因子和調味因子組合造成的偏差＋殘餘偏差（殘差）

兩個因子的組合所造成的效果稱為交互作用。

經過簡化改寫之後，公式如下。

全體偏差＝

　　因子1造成的偏差＋因子2造成的偏差＋

　　交互作用造成的偏差＋殘餘的偏差（殘差）

交互作用的相關內容非常重要，後面還會再說明一次。

● 雙因子變異數分析

下面開始說明雙因子變異數分析的思考方式。

全體偏差＝

　　因子1造成的偏差＋因子2造成的偏差＋

　　交互作用造成的偏差＋殘餘的偏差（殘差）

公式如上所述，以殘餘的偏差（殘差）為基準，討論因子1造成的偏差、因子2造成的偏差、交互作用造成的偏差這三種偏差的大小。換言之，思考方式如下。

・對於殘差，如果因子1造成的偏差愈大，主要效果1就愈大。

・對於殘差，如果因子2造成的偏差愈大，主要效果2就愈大。

・對於殘差，如果交互作用造成的偏差愈大，交互作用就愈大。

雙因子變異數分析的虛無假設為

「沒有因子1造成的差異，沒有因子2造成的差異，也沒有交互作用造成的差異」

由此，否定虛無假設的對立假設為

「具有因子1造成的差異、具有因子2造成的差異、具有交互作用造成的差異，以上其中一項成立」

具體來說，共有下列七種情況。

・只有A的主要效果具有顯著性
・只有B的主要效果具有顯著性
・只有交互作用具有顯著性
・A的主要效果和B的主要效果具有顯著性
・A的主要效果和交互作用具有顯著性
・B的主要效果和交互作用具有顯著性
・A的主要效果和B的主要效果和交互作用都具有顯著性

雙因子變異數分析就是用來檢定以上這些情況。

計算變異數分析

接下來就讓我們具體計算一下吧。

首先，按照單因子變異數分析的方式，計算各組的樣本數、樣本平均數、標準差、變異數、平方和。結果如下。

- 脆皮／辣味

  樣本數：15　樣本平均數：79.67　標準差：7.63

  樣本變異數：58.22　平方和：873.33

- 脆皮／原味

  樣本數：15　樣本平均數：71.00　標準差：7.12

  樣本變異數：50.67　平方和：760.00

- 原皮／辣味

  樣本數：15　樣本平均數：72.67　標準差：7.50

  樣本變異數：56.22　平方和：843.33

- 原皮／原味

  樣本數：15　標本平均：74.33　標準差：7.72

  樣本變異數：59.56　平方和：893.33

利用 Excel 進行計算，結果如圖 7-2-1 所示。

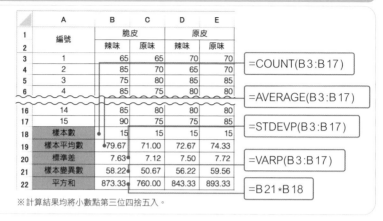

圖7-2-1　計算各組的樣本數、樣本平均數、標準差、樣本變異數、平方和

	A	B	C	D	E	
	編號	脆皮		原皮		
1/2		辣味	原味	辣味	原味	
3	1	65	65	70	70	=COUNT(B3:B17)
4	2	85	70	65	70	
5	3	75	80	85	85	
6	4	85	75	80	80	=AVERAGE(B3:B17)
16	14	85	80	80	80	
17	15	90	75	75	85	=STDEVP(B3:B17)
18	樣本數	15	15	15	15	
19	樣本平均數	79.67	71.00	72.67	74.33	
20	標準差	7.63	7.12	7.50	7.72	=VARP(B3:B17)
21	樣本變異數	58.22	50.67	56.22	59.56	
22	平方和	873.33	760.00	843.33	893.33	=B21*B18

※計算結果均將小數點第三位四捨五入。

接著對每項因子進行整理，用同樣的方法計算。換言之，當條件為脆皮時，針對30筆資料計算樣本數、樣本平均數、標準差、變異數、平方和。

首先，針對脆皮的30筆資料和原皮的30筆資料，分別計算出樣本平均數等指標。如圖7-2-2所示，利用Excel計算時，脆皮30筆的資料範圍為B3：C17；原皮30筆的資料範圍為D3：E17。

圖7-2-2　整理各項因子進行計算

	A	B	C	D	E	F	G
	編號	脆皮		原皮		脆皮	原皮
1/2		辣味	原味	辣味	原味		
3	1	65	65	70	70		
4	2	85	70	65	70		
5	3	75	80	85	85	=COUNT(B3:C17)	
16	14	85	80	80	80	=AVERAGE(B3:C17)	
17	15	90	75	75	85		
18	樣本數	15	15	15	15	30	30
19	樣本平均數	79.67	71.00	72.67	74.33	75.33	73.50
20	標準差	7.63	7.12	7.50	7.72	8.56	7.65
21	樣本變異數	58.22	50.67	56.22	59.56	73.22	58.58
22	平方和	873.33	760.00	843.33	893.33		

=VARP(B3:C17)　=STDEVP(B3:C17)

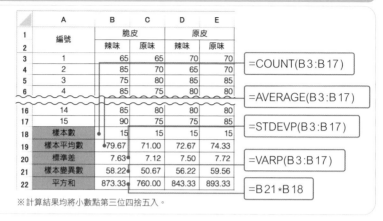

另外，如果條件為辣味的話，範圍就是B和D兩列的資料，這時的範圍指定方式可以按照「B3：B17, D3：D17」的方式，將每一列用逗號「,」區隔的方式來指定。請參考下圖7-2-3。

圖7-2-3　針對全部資料進行計算

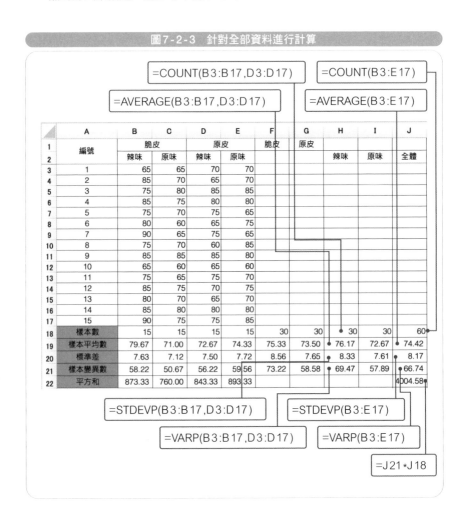

最後也針對全體資料進行同樣的計算，只要能計算出圖7-2-3這樣的結果即大功告成。

◗ 計算因子 1 造成的偏差

讓我們確認一下關於全體偏差的公式。

全體偏差＝因子1造成的偏差＋因子2造成的偏差＋
　　交互作用造成的偏差＋殘餘的偏差（殘差）

首先，計算因子1（口感）造成的偏差。在此先說明一下，以下數值是將小數點第三位四捨五入，實際使用Excel等軟體進行計算時，請按照最大精度來計算。

計算脆皮的平均數（75.33）與總平均數（74.42）的差之平方，再乘以樣本數。計算原皮的平均數（73.50）與總平均數（74.42）的差之平方，再乘以樣本數。最終將這兩個結果相加起來，就能得到因子1造成的偏差。

$$因子1造成的偏差 = (75.33-74.42)^2 \times 30 + (73.50-74.42)^2 \times 30$$
$$= 50.42$$

◗ 計算因子 2 造成的偏差

接著計算因子2（調味）造成的偏差。

計算辣味的平均數（76.17）與總平均數（74.42）的差之平方，再乘以樣本數。計算原味的平均數（72.67）與總平均數（74.42）的差之平方，再乘以樣本數。最終將這兩個結果相加起來，就能得到因子2造成的偏差。

$$因子2造成的偏差 = (76.17-74.42)^2 \times 30 + (72.67-74.42)^2 \times 30$$
$$= 183.75$$

◑ 計算交互作用造成的偏差

再來是交互作用造成的偏差。

這是根據因子1和因子2，計算出各組平均數和總平均數之間的偏差，然後減去因子1和因子2造成的偏差。換言之，公式為

交互作用造成的偏差＝
各組平均數的偏差－因子1造成的偏差－因子2造成的偏差

因此，首先要計算各組的平均數偏差。計算各組平均數與總平均數之間的偏差，再乘以樣本數，全部相加起來。

$$\begin{aligned}
\textbf{各組平均數的偏差} &= (79.67-74.42)^2 \times 15 + (71.00\ 74.42)^2 \times 15 + \\
&\quad (72.67-74.42)^2 \times 15 + (74.33-74.42)^2 \times 15 \\
&= 413.44+175.10+45.94+0.10 \\
&= 634.58
\end{aligned}$$

計算交互作用造成的偏差。

$$\begin{aligned}
\textbf{交互作用造成的偏差} &= \textbf{各組平均數的偏差} - \textbf{因子1造成的偏差} \\
&\quad - \textbf{因子2造成的偏差} \\
&= 634.58-50.42-183.75 \\
&= 400.42
\end{aligned}$$

◑ 計算殘餘的偏差（殘差）

最後計算殘餘的偏差（殘差）。

這是已經計算過的組內平方和相加起來的結果。

$$殘餘的偏差（殘差）= 873.33 + 760.00 + 843.33 + 893.33$$
$$= 3370.00$$

Excel中呈現出來的結果如圖7-2-4所示。

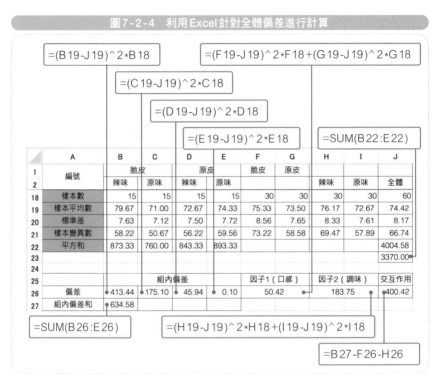

圖7-2-4　利用Excel針對全體偏差進行計算

製作變異數分析表

以上述數值為基礎，製作變異數分析表。

首先將計算出來的偏差填入平方和列（表7-2-5）。

表7-2-5　將計算出來的偏差填入平方和列中

因子	平方和	自由度	均方和	F
因子1	50.42			
因子2	183.75			
交互作用	400.42			
殘差	3370.00			
全體	4004.58			

接著填入自由度。

因子1和因子2的自由度，分別為各自的條件數（組數）減去1。舉例來說，因子1有脆皮和原皮兩個條件，所以是$2-1=1$。

交互作用的自由度是以各因子的自由度相乘計算出來。

全體的自由度是以全體的樣本數減去1，這裡的全體樣本數為60，所以是$60-1=59$。

殘差的自由度是以全體的自由度減去因子1、因子2和交互作用的自由度計算出來。因此，殘差的自由度為$59-3=56$（表7-2-6）。

表7-2-6　填入自由度

因子	平方和	自由度	均方和	F
因子1	50.42	1		
因子2	183.75	1		
交互作用	400.42	1		
殘差	3370.00	56		
全體	4004.58	59		

接下來計算均方和。均方和是以平方和除以自由度計算出來（表7-2-7）。

表7-2-7　填入均方和

要因	平方和	自由度	均方和	F
要因1	50.42	1	50.42	
要因2	183.75	1	183.75	
交互作用	400.42	1	400.42	
殘差	3370.00	56	60.18	
全體	4004.58	59		

最後計算F值。以因子1、因子2、交互作用的均方和分別除以殘差的均方和，就能計算出F值（表7-2-8）。

表7-2-8 計算F值

因子	平方和	自由度	均方和	F
因子1	50.42	1	50.42	0.84
因子2	183.75	1	183.75	3.05
交互作用	400.42	1	400.42	6.65
殘差	3370.00	56	60.18	
全體	4004.58	59		

這樣一來變異數分析表就完成了。如果是使用Excel的話,也可以利用之前的工作表製作出同樣的表格。

● 檢視顯著差異

觀察變異數分析表的F值,判斷是否落入拒絕域當中。因子1的組內自由度(相當於殘差的自由度)為56(接近的數字為60),組間的自由度為1。

查詢F分布表(表7-2-9、7-2-10),在5%的顯著水準之下,F = 4.00,在1%的顯著水準之下,F = 7.08,可知因子1的F = 0.84沒有落入任一拒絕域。

因此,我們可以得出「口感因子沒有造成分數上的差異」的結論。

同樣地,我們也要針對因子2進行探討。因子2和因子1一樣,組內自由度為56(查詢F分布表的60),組間自由度為1。

表7-2-9 5%顯著水準的F分布表

組內自由度	組間自由度				
	1	2	3	4	5
10	4.96	4.10	3.71	3.48	3.33
20	4.35	3.49	3.10	2.87	2.71
30	4.17	3.32	2.92	2.69	2.53
40	4.08	3.23	2.84	2.61	2.45
50	4.03	3.18	2.79	2.56	2.40
60	4.00	3.15	2.76	2.53	2.37
70	3.98	3.13	2.74	2.50	2.35
80	3.96	3.11	2.72	2.49	2.33
90	3.95	3.10	2.71	2.47	2.32
100	3.94	3.09	2.70	2.46	2.31
200	3.89	3.04	2.65	2.42	2.26
300	3.87	3.03	2.63	2.40	2.24

第**7**章 ─ 靠新菜單拉開差距 變異數分析(雙因子)

組內自由度	組間自由度				
	1	2	3	4	5
10	10.04	7.56	6.55	5.99	5.64
20	8.10	5.85	4.94	4.43	4.10
30	7.56	5.39	4.51	4.02	3.70
40	7.31	5.18	4.31	3.83	3.51
50	7.17	5.06	4.20	3.72	3.41
60	7.08	4.98	4.13	3.65	3.34
70	7.01	4.92	4.07	3.60	3.29
80	6.96	4.88	4.04	3.56	3.26
90	6.93	4.85	4.01	3.53	3.23
100	6.90	4.82	3.98	3.51	3.21
200	6.76	4.71	3.88	3.41	3.11
300	6.72	4.68	3.85	3.38	3.08

表7-2-10　1%顯著水準的F分布表

　　查詢F分布表，在5%的顯著水準之下，F = 4.00，在1%的顯著水準之下，F = 7.08，可知因子2的F = 3.05沒有落入任一拒絕域。因此，我們可以得出「調味因子沒有造成分數上的差異」的結論。

　　最後針對交互作用進行探討。交互作用也和因子1、因子1一樣，組內自由度為56（查詢F分布表的60），組間自由度為1。查詢F分布表，在5%的顯著水準之下，F = 4.00，在1%的顯著水準之下，F = 7.08，可知交互作用的F = 6.65在5%的顯著水準之下落入拒絕域。因此，我們可以得出「在5%的顯著水準之下，交互作用的分數存在差異」的結論。

7-3 理解交互作用的意義

交互作用顯著

根據上一節變異數分析的結果，兩個因子的主要效果都沒有顯著差異。另一方面，交互作用在5％顯著水準下呈現顯著差異。

主要效果沒有顯著差異，即意味著「該因子不具備單獨的效果」。

觀察各組的平均數，如表7-3-1所示。

表7-3-1　各組的平均數

	脆皮	原皮
辣味	79.67	72.67
原味	71.00	74.33

· 從辣味的角度來看

　　……脆皮的價格比原皮還貴一些

· 從原味的角度來看

　　……原皮的價格比脆皮還貴一些

由此可見，「與其單獨使用脆皮和辣味，還不如同時使用比較好；反之，與其同時使用其中一種，還不如使用普通炸雞」。

接下來，讓我們詳細分析一下在5％的顯著水準下，出現顯著差異的交互作用的意義。

交互作用的意義

下面以圖示來說明交互作用的意義。

在交互作用的圖中，縱軸為分數，橫軸為條件，取各組的平均分數。另外，在下面的圖表中，雖然沒有顯示分數，但a1、a2是因子A造成偏差的組，b1、b2是因子B造成偏差的組，●和■表示平均分數。

—— 沒有交互作用的情況

首先，讓我們觀察沒有交互作用的情況。

沒有交互作用時，圖上呈現平行（圖7-3-2）。

圖7-3-2　沒有交互作用時的圖表

(1) 既沒有A的主要效果，也沒有B的主要效果，更不具交互作用。

(2) 具有B的主要效果，但沒有A的主要效果，也沒有交互作用。

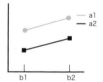

(3) A和B均具有主要效果，但沒有交互作用。

—— 具有交互作用的情況

具有交互作用時的圖表不會呈現平行（圖7-3-3）。

圖7-3-3　具有交互作用時的圖表

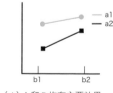

(4) A和B均有主要效果，由於圖形並非平行，因此也具有交互作用。

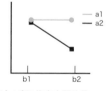

(5) A和B均有主要效果，但a1沒有B的效果，a2有效果，因此也具有交互作用。

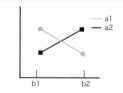

(6) 在b1和b2中，a1和a2的位置完全相反的交叉模式。A和B均無主要效果，但由於產生交叉，因此具有交互作用。

這裡再度確認一次。各組的平均數，如表7-3-4所示。

表7-3-4　各組的平均數

	脆皮	原皮
辣味	79.67	72.67
原味	71.00	74.33

以圖表來表示，如圖7-3-5所示。

圖7-3-5　各組的平均數

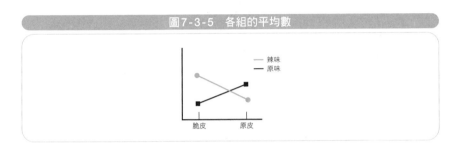

這與圖7-3-3（6）的情況如出一轍，儘管A因子（脆皮或原皮）和B因子（辣味或原味）的主要效果都不具備，但也會產生脆皮辣味和原皮原味較為美味的交互作用。

換言之，組合的因子不同，效果的呈現也會有所差異，這就是交互作用。

● 多虧統計學，產品大受歡迎！

雖然一項一項計算費了不少工夫，但艾咪靠著書上的指示，才好不容易得到結論。

店長！我通過雙因子變異數分析的結果，發現不應該將不同的因子分開單獨銷售，而是要將兩者組合在一起銷售，這樣效果會比較好。

喔喔，謝謝妳費心調查！好，我知道了，我決定推出辣味脆皮炸雞來吸引顧客上門！這樣一來PAK PAK就不是我們的對手了！

就這樣，新菜單「辣味脆皮炸雞」的銷售一路長紅，順利成為WAK WAK漢堡的招牌商品。

想必艾咪往後一定還會經常面臨應付客人或店長臨時委託調查的情況而煩惱不已吧。不過，現在的艾咪已經掌握了統計學的基本知識，不管面對什麼樣的難題，她一定都能充滿自信去解決。可以預見WAK WAK漢堡和艾咪的未來將會一片光明。

P O I N T

❶ 建立虛無假設。

「因子1沒有造成差異，因子2沒有造成差異，交互作用也沒有造成差異」

❷ 建立否定虛無假設的對立假設。

「具有因子1造成的差異、具有因子2造成的差異、具有交互作用造成的差異，以上其中一項成立」

❸ 決定顯著水準。

通常嚴謹一點會採用1%，稍微寬鬆一點就採用5%

❹ 使用取得的樣本，計算因子1的平方和、因子2的平方和、交互作用的平方和、殘差的平方和、總平方和。

❺ 製作變異數分析表，計算自由度和均方和。

因子1的自由度＝條件數－1

因子2的自由度＝條件數－1

交互作用的自由度＝因子1的自由度×因子2的自由度

總自由度＝總樣本數－1

殘差的自由度＝總自由度－（因子1的自由度＋因子2的自由度＋交互作用的自由度）

均方和＝平方和÷自由度

❻ 計算指標F。

以因子1、因子2、交互作用的均方和分別除以殘差的均方和，就能計算出F值。

❼ 觀察F分布表中對應自由度的部分，判斷計算的F值是否落入拒絕域，以決定應該拒絕或接受虛無假設。

· 如果F沒有落入拒絕域，就接受虛無假設

· 如果F落入拒絕域，就拒絕虛無假設，接受對立假設

❽ 下結論。

專 欄

冰淇淋會隨著氣溫上升而大賣嗎？

看到這裡，本書也即將告一段落。本書所介紹的統計方法，基本上都是用來調查樣本之間「是否存在差異」。這個世界上存在大量的資料，調查「這個資料」和「那個資料」之間是否存在「有意義的差異」，抑或只是單純的「誤差」，可說是資料分析的第一步。如果這個資料和那個資料之間存在「有意義的差異」，就可以進入思考其原因的階段。然而，如果不是有意義的差異，而只是單純的誤差，那麼即使對其原因進行各種思考，最終依然有很高的機率會無功而返。

像這樣，確定是否存在有意義的差異，是資料分析的第一步，如今我們已經掌握了相關的思考方式。從平均數、變異數、資料分布開始，我們已經學會卡方檢定、t檢定、變異數分析這些用來調查「差異」的統計工具。之後，針對自己手上的資料，活用這些統計工具，如此一來就能提高我們分辨資料、從資料中解讀重要資訊的能力。

不過，統計學中除了本書所介紹的「調查差異」之外，還有另一個分支，那就是「調查關係」的統計學。舉例來說，請大家思考一下「最高氣溫上升時，冰淇淋會大賣」這件事。這句話描述了「最高氣溫」與「冰淇淋營業額」的「關係」。只要瞭解其中的關係，我們就能通過當天的最高氣溫預測，來預測冰淇淋的營業額。這就是「調查關係」的統計學分支。

本書的續篇中將會介紹有助於調查關係的統計學，敬請各位讀者期待。那麼，期待能與大家在下一本書再見。

問題　某小學為了教授數學的分數計算，於是開發使用漫畫內容的全新教材。已知這個教材的教學效果比以前的教材來得更好，但校方還想進一步調查這個效果會讓學生對數學的喜好程度造成什麼影響。

　　為了調查這個效果，對某班使用傳統教材進行教學（對照組），對另一個班級用漫畫教材進行教學（漫畫組）。隔天對三個班級舉辦分數計算的考試。此時事先在各班進行喜歡或討厭數學的問卷調查，以喜歡數學的10名學生和討厭數學的10名學生進行比較。

　　考試分數資料（滿分10分）如下表所示。請針對考試結果進行變異數分析。

	對照組	漫畫組
喜歡數學	7,8,6,8,10,7,8,8,9,7	8,9,10,10,8,8,9,7,10,8
討厭數學	4,6,5,4,3,7,5,6,4,5	8,7,8,6,9,7,8,8,10,8

①請說出這個檢定的虛無假設。

②請說出這個檢定的對立假設。

③在這四項條件中，分別計算各項的平均數和標準差（小數點第三位四捨五入）。

④將四項條件的平均數畫在同一張圖上，觀察並預測是否會產生交互作用。

⑤製作變異數分析表（小數點第三位四捨五入）。

⑥在1%的顯著水準之下，請寫出根據變異數分析表得出的結論。

⑦請用簡單易懂的方式說明以上的檢定結果。

答案在➡P.167

確認測驗解答範例

①
	平均數	變異數	標準差
櫻班	70.0	58.15	7.63
桃班	70.0	26.92	5.19
柳組	57.0	26.92	5.19

② · 比較櫻班和桃班，儘管平均數相同，但櫻班的成績分散程度（變異數）比桃班更大。

· 比較桃班和柳班，成績的分散程度（變異數）均相同，但桃班的平均分數比柳班還要高。

① a. 母集
b. 樣本（Sample）
c. 隨機抽樣（Random sampling）
d. 常態分布（或有如吊鐘形狀的鐘形曲線）

② 樣本數＝500，不偏變異數＝60，因此標準誤差＝$\sqrt{60 \div 500}$＝0.346410。另外，自由度為499（500－1），因此使用t分布表中∞（無限大）行的值。根據t分布表，機率為95%的t＝1.960，機率為99%的t＝2.576，根據信賴區間＝樣本平均數±t×標準誤差的公式，結果分別如下。

· 95%信賴區間＝65±1.960×0.346＝64.32～65.68
· 99%信賴區間＝65±2.576×0.346＝64.11～65.89

③ · 95%信賴區間的意思……全國小學5年級學生的數學共同考試平均分數（母體平均數），有95%的機率會落在64.32分到65.68分之間。

· 99%信賴區間的意思……全國小學5年級學生的數學共同考試平均分數（母體平均數），有99%的機率會落在64.11分到65.89分之間。

① 班導的專業不會影響負責班級的學生科目偏好（不同的班導對科目的喜好比例沒有差異）。

② 班導的專業會影響負責班級的學生科目偏好（不同班導對科目的喜好比例存在差異）。

③ 期望次數如下。

	櫻班	桃班
喜歡國語	19.76	22.24
喜歡數學	12.24	13.76

④ 4.48。

⑤ 自由度為1。查詢卡方分布表，1%的顯著水準為6.63。在④求得的卡方值4.48小於這個數值，因此不拒絕虛無假設，因此接受虛無假設。

⑥ 根據卡方檢定的結果，班導的專業不會影響負責班級的學生科目喜好（不同班導對科目的喜好比例沒有差異）。

① 傳統的教學方式和新的教學方式，對考試結果沒有差別（相等）。

② 傳統的教學方式和新的教學方式，對考試結果具有差異（不相等）。

③ －1.97。

④ 自由度為36（18＋20－2）。從t分布表來看，上面並沒有36這個數字，因此查詢接近的自由度40，可以查出在1%的顯著水準下為2.704。在③求出的t值－1.97的絕對值1.97小於這個數值，沒有落入拒絕域。因此不拒絕虛無假設，也就是接受虛無假設。

⑤ 根據t檢定的結果，可以得知傳統的教學方式與新的教學方式，在考試結果上沒有差異。

① 事前測試和事後測試的考試分數沒有差異。

② 事前測試和事後測試的考試分數存在差異。

③ －1.24。t=(8.722－9.056)÷0.268（以事後測試為標準時）。

④ 自由度17（18－1）時，顯著水準1%的t值為2.898。③的值－1.24沒有落入拒絕域，因此接受虛無假設。

⑤ 使用傳統分數教學法之後進行的事前測試，與使用漫畫的新教學法之後進行的事後測試，兩者的考試分數沒有差異。

①

	對照組	舊漫畫組	新漫畫組
平均數	5.60	6.43	7.38
標準差	1.25	1.45	1.49

② 對照組、舊漫畫組、新漫畫組的考試平均分數皆相等。

③ 對照組、舊漫畫組、新漫畫組的考試平均分數，至少有一個組合之間存在差異。

④

因子	平方和	自由度	均方和	F
組間	24.47	2	12.23	5.79
組內	88.78	42	2.11	
全體	113.24	44		

⑤ 當組間自由度為2，且組內自由度為42（使用自由度40）時，顯著水準1%的F值為5.18。④的值5.79落入拒絕域，因此拒絕虛無假設。

⑥ 對照組、舊漫畫組、新漫畫組的考試平均分數，至少有一個組合之間存在差異。另外，為了調查哪個組合存在差異，需要進行多重比較，平均分數由高至低依序為新漫畫組、舊漫畫組、對照組。

① 漫畫教材和對照組（因子1）之間的平均分數沒有差異，喜歡數學和討厭數學的組（因子2）之間的平均分數沒有差異，交互作用的平均分數也沒有差異。

② 漫畫教材和對照組（因子1）之間，喜歡數學和討厭數學的組（因子2）之間，或者交互作用，至少有一組存在平均分數的差異。

③

	對照組		漫畫組	
	喜歡	討厭	喜歡	討厭
平均數	7.80	4.90	8.70	7.90
標準差	1.08	1.14	1.00	1.04

④ 由於圖形並非平行，有可能產生交互作用。

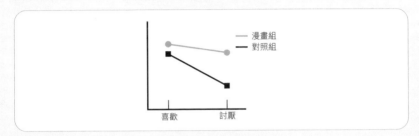

⑤

因子	平方和	自由度	均方和	F
因子1	38.03	1	38.03	30.09
因子2	34.23	1	34.23	27.08
交互作用	11.03	1	11.03	8.72
殘差	45.50	36	1.26	
全體	128.78	39		

⑥ · 因子1在顯著水準1%的F值為7.31（組間自由度為1，組內自由度為36（查詢自由度40））。⑤的值為30.09，因此認定存在顯著差異，拒絕虛無假設。

· 因子2在顯著水準1%的F值為7.31（組間自由度為1，組內自由度為36（查詢自由度40））。⑤的值為27.08，因此認定存在顯著差異，拒絕虛無假設。

- 交互作用在顯著水準1%的F值為7.31（組間自由度為1，組內自由度為36（查詢自由度40））。⑤的值為8.72，因此認定存在顯著差異，拒絕虛無假設。

⑦ 變異數分析的結果已知有以下三點。

1. 對照組和漫畫組的考試分數存在差異，漫畫組的分數較高（因子1）。

2. 喜歡和討厭數學的學生在考試分數上存在差異，喜歡數學的學生分數較高（因子2）。

3. 與喜歡數學的學生相比，討厭數學的學生在使用漫畫教學時，考試分數的提升幅度較大（交互作用）。

t分布表、卡方分布表、F分布表的整理

●t分布表

自由度	機率95%	機率99%	自由度	機率95%	機率99%
1	12.706	63.657	18	2.101	2.878
2	4.303	9.925	19	2.093	2.861
3	3.182	5.841	20	2.086	2.845
4	2.776	4.604	21	2.080	2.831
5	2.571	4.032	22	2.074	2.819
6	2.447	3.707	23	2.069	2.807
7	2.365	3.499	24	2.064	2.797
8	2.306	3.355	25	2.060	2.787
9	2.262	3.250	26	2.056	2.779
10	2.228	3.169	27	2.052	2.771
11	2.201	3.106	28	2.048	2.763
12	2.179	3.055	29	2.045	2.756
13	2.160	3.012	30	2.042	2.750
14	2.145	2.977	40	2.021	2.704
15	2.131	2.947	60	2.000	2.660
16	2.120	2.921	120	1.980	2.617
17	2.110	2.898	∞	1.960	2.576

●卡方分布表

自由度	機率	
	0.05	0.01
1	3.84	6.63
2	5.99	9.21
3	7.81	11.34
4	9.49	13.28
5	11.07	15.09
⋮	⋮	⋮

●5%顯著水準的F分布表

組內自由度	組間自由度				
	1	2	3	4	5
10	4.96	4.10	3.71	3.48	3.33
20	4.35	3.49	3.10	2.87	2.71
30	4.17	3.32	2.92	2.69	2.53
40	4.08	3.23	2.84	2.61	2.45
50	4.03	3.18	2.79	2.56	2.40
60	4.00	3.15	2.76	2.53	2.37
70	3.98	3.13	2.74	2.50	2.35
80	3.96	3.11	2.72	2.49	2.33
90	3.95	3.10	2.71	2.47	2.32
100	3.94	3.09	2.70	2.46	2.31
200	3.89	3.04	2.65	2.42	2.26
300	3.87	3.03	2.63	2.40	2.24

●1%顯著水準的F分布表

組內自由度	組間自由度				
	1	2	3	4	5
10	10.04	7.56	6.55	5.99	5.64
20	8.10	5.85	4.94	4.43	4.10
30	7.56	5.39	4.51	4.02	3.70
40	7.31	5.18	4.31	3.83	3.51
50	7.17	5.06	4.20	3.72	3.41
60	7.08	4.98	4.13	3.65	3.34
70	7.01	4.92	4.07	3.60	3.29
80	6.96	4.88	4.04	3.56	3.26
90	6.93	4.85	4.01	3.53	3.23
100	6.90	4.82	3.98	3.51	3.21
200	6.76	4.71	3.88	3.41	3.11
300	6.72	4.68	3.85	3.38	3.08

INDEX

【作者簡介】

向後千春

1958年出生於東京都。早稻田大學人文科學學術院教授。1989年早稻田大學文學研究科博士後期課程（心理學專業）學分取得退學，取得東京學藝大學教育學博士。專業為以心理學為基礎的教學設計（教學系統設計，Instructional Design）。

冨永敦子

1961年出生於長崎市。公立函館未來大學元學習中心教授／技術作家。2012年早稻田大學研究所人文科學研究科博士後期課程結業，取得早稻田人類科學博士學位。專業為寫作。

內文設計	● 下野剛（志岐デザイン事務所）
內文插圖	● フクモトミホ
內文版面	● 逸見育子

薯條每包有幾根？
從漢堡店輕鬆學超有趣的統計學！

出　　　　版／楓葉社文化事業有限公司
地　　　　址／新北市板橋區信義路163巷3號10樓
郵 政 劃 撥／19907596　楓書坊文化出版社
網　　　　址／www.maplebook.com.tw
電　　　　話／02-2957-6096
傳　　　　真／02-2957-6435
作　　　　者／向後千春、冨永敦子
翻　　　　譯／趙鴻龍
責 任 編 輯／江婉瑄
內 文 排 版／謝政龍
校　　　　對／邱鈺萱
港 澳 經 銷／泛華發行代理有限公司
定　　　　價／350元
初 版 日 期／2022年8月

國家圖書館出版品預行編目資料

薯條每包有幾根？ 從漢堡店輕鬆學超有趣的
統計學！ ／ 向後千春, 冨永敦子作 ; 趙鴻龍翻
譯. -- 初版. -- 新北市：楓葉社文化事業有限
公司, 2022.08　　面；　公分

ISBN 978-986-370-439-3（平裝）

1. 統計學　2. 通俗作品

510　　　　　　　　　　　111008431